尽 善 尽 美 弗 求 弗 迪

蒲蔚然 ◎ 著

金手链是怎样炼成的

德州扑克世界大赛冠军实战全记录

电子工业出版社
Publishing House of Electronics Industry
北京·BEIJING

未经许可，不得以任何方式复制或抄袭本书之部分或全部内容。
版权所有，侵权必究。

图书在版编目（CIP）数据

金手链是怎样炼成的 / 蒲蔚然著. -- 北京：电子工业出版社，2024.7. -- ISBN 978-7-121-48120-8

Ⅰ.G892.1

中国国家版本馆 CIP 数据核字第 2024YJ4165 号

责任编辑：张　毅
印　　刷：三河市兴达印务有限公司
装　　订：三河市兴达印务有限公司
出版发行：电子工业出版社
　　　　　北京市海淀区万寿路 173 信箱　邮编：100036
开　　本：880×1230　1/32　印张：5.875　字数：109 千字
版　　次：2024 年 7 月第 1 版
印　　次：2025 年 1 月第 4 次印刷
定　　价：60.00 元

凡所购买电子工业出版社图书有缺损问题，请向购买书店调换。若书店售缺，请与本社发行部联系，联系及邮购电话：（010）88254888，88258888。

质量投诉请发邮件至 zlts@phei.com.cn，盗版侵权举报请发邮件至 dbqq@phei.com.cn。

本书咨询联系方式：（010）68161512，meidipub@phei.com.cn。

推荐序

赢得世界扑克系列赛（WSOP）的金手链是所有德州扑克牌手的梦想，其中大多数人终其一生求之而不得。蒲蔚然做到了，而且是在他成为职业牌手后很短时间内做到的。这个超级亮眼的成绩不是偶然得到的。蒲蔚然是一个非常均衡的实力派牌手，理论和实战俱佳。更难得的是，他对牌的理解早早就超出对技战术的单一追求。

大诗人陆游说过，功夫在诗外。这句话同样适用于打牌。胜负桌上定，功夫在牌外。这并不是说基础的东西不重要，而是说扑克是涉及牌技之外很多因素的策略性游戏，牌桌内外，看得见的、看不见的，从心理建设到身体状态，从资金状况到社交环境，都可能影响牌手的整体水平和临场发挥。

本书给人印象深刻的是作者的勤奋好学和在逆境中的不懈追求。2017年，蒲蔚然已经是一个优秀的牌手，并且取得了很多好成绩，可他却找到了智游学堂。我当时个人事情很多，并没有准备招收学生，但出于之前对他的了解和认可，破例接收了他，做一对一教学。这是一个愉快的决定。在这个过程中，蒲蔚然给我印象深刻的是，他对各种观点和理论是抱开放态度的，在学习讨论中没有对以往自己成功打下的基础刻意维护，他只想不断探索、不断提高，最大限度地完善自己的体系，提升自己的实力。蒲蔚然具备很多优秀牌手应该拥有的软实力，包括让人们愿意与他交流沟通。

这是一本带有传记风格的书，描述了蒲蔚然成为一名成功牌手的方方面面。如果你只是关注他赢得金手链过程中那些关键牌的技术处理，那你就错失了这本书的很大价值。当然，作者对WSOP赛场环境、赛事结构及选手在WSOP各项目和其他大赛表现的细微差别等的观察是非常敏锐的，对于准备参加WSOP比赛的选手具有很高的参考价值。跟着作者的思路，完整感受他追求牌道的整个心路历程，可以更好地帮助你成为一名优秀的牌手。

蒲蔚然曾言，他想为德州扑克在中国的发展作出自己的贡献，这本书就是一个见证。

朱跃奇（Rich Zhu）

WSOP金手链得主，智游城创始人

前言

"梦想还是要有的,万一实现了呢?"

在异国他乡,当中国国歌激昂奏响、五星红旗于身后飘扬时,我,作为一名中国的德州扑克牌手,恍若置身梦境,却真实地站在了世界德州扑克竞技场的巅峰。

德州扑克,这项在西方世界盛行近百年的智力运动,近年来在中国这片土地上也逐渐兴起。它以其独特的趣味性、竞技性和社交属性,吸引了大批金融、互联网等领域的中产及高知群体,形成了一股新兴的扑克热潮。国内各类竞技扑克赛事如雨后春笋般涌现,规模日益扩大,组织水平快速提升,逐渐与国际大赛比肩。众多中国的德州扑克爱好者投身其中,一批优秀选手更是走出国门,在欧美大赛中崭露头角,屡创佳绩,有力推动了扑克运动在国内的普及与深入发展。

历史性的时刻降临在 2023 年美国拉斯维加斯的 WSOP 上。中国选手集体爆发,一举夺得前所未有的五项冠军,震撼全球牌坛。我有幸身在其中,摘得被称为

"最难打"的 5000 美元买入（buy in，报名费）的六人桌赛事桂冠。这一成就不仅圆了我作为扑克运动员为国争光的梦想，更向世界展示了中国玩家驾驭这项运动的卓越能力——我们同样能在这一领域傲视群雄，屹立于世界之巅。

好友奥神（刘立奥）的提议犹如一道灵光，点燃了我心中的写作之火。是的，我应该将这段宝贵的夺冠历程记录下来，分享给广大扑克爱好者，让更多人了解并热爱这项运动。推广德州扑克，引导大众以绿色、健康的方式参与其中，领悟其超越牌局的人生哲理，提升个人修养，这既是我的长久愿景，也是驱动我撰写此书的深层动力。

在这本书中，我将以亲历者的身份，以扑克运动员的独特视角，为你揭开扑克比赛的神秘面纱，讲述我如何从普通爱好者成长为职业牌手的心路历程，剖析一名职业选手如何备战国际大赛，如何在漫长赛期中应对生理与心理的双重挑战。更为重要的是，我将毫无保留地分享我在这场经典战役中的关键手牌，深度解读我的决策过程，展示如何将前沿的扑克策略巧妙地应用于实战，并且尽可能完整地展现我在不同情境下的心理波动、临场应变与赛后复盘，力求还原一场智慧与意志交锋的激战。

本书旨在填补德州扑克实战类中文原创书籍的空白，

以翔实的手牌讲解直观传授扑克锦标赛的实战技巧，用生动形象的语言揭示扑克运动员间智力与心理的激烈碰撞，引领读者领略德州扑克游戏中深邃的博弈之美。我坚信，无论你是资深扑克爱好者还是初涉此道的新手，都能从中收获知识，启迪思考，体验到这项运动无尽的魅力与智慧。

愿每位翻开此书的朋友，都能在纸墨间感受到梦想的力量，体悟到扑克世界的宽广与深邃，共同在追求卓越的道路上，逐梦前行。

目 录
CONTENTS

第一章　WSOP 的前世今生　001

什么是德州扑克比赛 · 002

全球扑克比赛概览 · 006

WSOP——扑克界的奥运会 · 009

中国选手 WSOP 战绩 · 014

第二章　"蒲克王"的牌手之路　017

初识德州扑克 · 018

艰难进阶 · 020

"没有一个动作是对的" · 023

涅槃重生 · 025

"蒲克王"的诞生 · 028

精进之路 · 030

第三章　出发！拉斯维加斯   **034**

扑克大冒险之旅 · 035
赛前准备 · 037
抵达战场 · 039

第四章　艰难的首月战斗   **043**

初试牛刀 · 044
遭遇低谷 · 048

第五章　"最难打之战"来了 —— 第一比赛日   **052**

艰难的开局 · 054

第六章	耐心！再耐心！入围奖励圈——第二比赛日	066
第七章	梦想的决赛桌近在眼前——第三比赛日	080
第八章	披荆斩棘终圆梦——决赛桌	105

决战前夜	·	106
对手盘点	·	108
韬光养晦	·	112
焦灼拉锯	·	126
火力全开	·	143
巅峰对决	·	153
荣耀时刻	·	170

后记	·	172

第一章 WSOP 的前世今生

在德州扑克领域，有一个词始终被广泛提及，那便是 WSOP。当两位初涉扑克的新人因技艺高低产生激烈争论时，只需一句掷地有声的"何不去挑战 WSOP"，便足以让聒噪的唇枪舌剑瞬间平息。

诚然，无论对于初入牌坛的新手，还是身经百战的老将，WSOP 均无可争议地代表着德州扑克竞技的巅峰水平与最高荣誉。能够获得 WSOP 某一项目金手链的牌手，通常被认为是该项目的世界冠军。尤其是，WSOP 的颁奖典礼上会为获奖者奏响其所属国家的国歌，犹如奥运冠军的待遇。这样的吸引力对于德州扑克爱好者来说无疑是巨大的。

 什么是德州扑克比赛

大部分爱好者初识德州扑克，往往始于常规桌游戏。而对于扑克比赛，尤其是如 WSOP 这般顶尖赛事，许多玩家虽有耳闻，却难免对其具体运作方式与规则感到陌生。

其实德州扑克比赛并不神秘，它的规则很容易理解：

参赛选手在比赛伊始获得等额的初始记分牌[①]**，一旦记分牌耗尽，选手即遭淘汰（出局）。依据出局顺序决定名次，直至最后一人，此人即为冠军。**

或许有人会说："如此看来，比赛岂非只是看谁坐得久？我若不动声色，静待对手自相消耗记分牌，岂非稳操胜券？"实则不然。在比赛进程中，每一圈游戏都会产生大小盲注，这些盲注直接消耗选手的记分牌。此外，比赛还设置了盲注级别递增的机制，明确规定了涨盲时间。随着盲注量逐渐增大，记分牌的消耗速度随之加快，迫使选手们必须积极出击，争夺记分牌，否则将面临被动消耗记分牌直至被淘汰的命运。这种设计确保了比赛能在有限时间内有序淘汰选手，直至冠军产生。

那么，冠军是否是唯一获奖选手呢？答案是否定的。比赛设有"奖励圈"这一关键概念，即按照参赛总人数的特定比例（通常为12%～18%）确定获得奖励的选手数量。以15%为例，一场1000人参与的比赛，前150名选手（前850名被淘汰者之外的剩余选手）将获得奖励，俗称"进圈"。而那位遗憾地排在第151名，仅一步之遥未能踏入奖励圈的选手，则被戏称为"泡沫"。

进圈后的奖励金额则由奖金结构决定。通常情况下，

---

① 德州扑克比赛中用于记录选手筹码量的道具，不同颜色代表不同分值（筹码量）。为了简便起见，也为了遵循德州扑克界的惯例，后文中，在代表分值的数字后面都不加单位"分"。

刚进入奖励圈的选手可获得相当于报名费 1.5～2 倍的奖金。随着名次的提升,奖金数额持续增长,尤其是进入前九名的选手,其奖金极为丰厚,尽管奖金额随着名次的提升,跳跃的幅度较大。通常,第九名所获奖金约为冠军的十分之一,而季军所得往往不到冠军的一半。显而易见,冠军是整场比赛的最大赢家,其奖金可能高达报名费的近 200 倍之多。

下图显示的就是某一场德州扑克比赛的各项要素。通常,一场线下德州扑克比赛的持续时间因参赛人数及涨盲速度的不同,可短至数小时,长至数日不等。以几百人参战的大型赛事为例,其平均赛程通常为 3～4 天。参赛者需要经历至少一天的激烈角逐方有机会闯入奖励圈。而赛事的最后一日,即决赛桌的对决,则成为决定胜负的关键。由此可见,相比于常规桌游戏,扑克比赛对参赛者的要求更为苛刻,不仅要求其具备精湛的牌技,更需具备超乎寻常的耐心与毅力。参赛者们较量的并非某一局牌的惊艳操作,而是在长达数小时甚至数天的时间里,始终保持稳定发挥,通过应对成百上千个牌面各异的复杂局面,展现出最优的整体策略,从而在众多参赛者中脱颖而出。

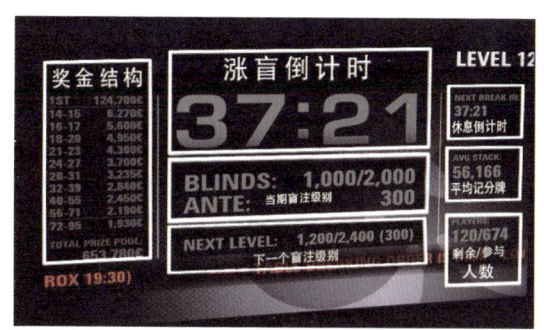

扑克比赛的要素

值得注意的是，由于扑克游戏本身的随机性与巨大的波动性，单场比赛的名次并不能完全反映选手的真实水平。以大约15%的进圈率为例，即使顶尖玩家，也难以确保在每场比赛中都能实现盈利，"九死一生"正是锦标赛的真实写照。正如俗语所说的："运气时好时坏，实力伴随一生。"真正的高手并不拘泥于短期的胜负得失，他们坚信凭借技术优势，在持续参赛的过程中，必将取得显著的成就。相比之下，那些偶然取得佳绩但实力欠佳的选手，其辉煌往往转瞬即逝。唯有那些能在牌坛历经风雨、多年保持活跃且成绩稳定的"常青树"，方能称得上是真正的扑克大赢家。

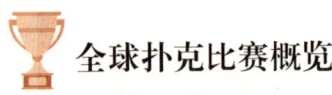 **全球扑克比赛概览**

与其他竞技项目相比,扑克比赛在参赛资格方面呈现出显著差异。扑克比赛无须经过层层筛选①,只需支付相应的报名费,即可加入战局。然而,这并不意味着扑克比赛毫无门槛。事实上,报名费的高低恰是其准入门槛的体现。高昂的报名费往往决定了比赛的整体竞技水平,因为高额的奖金自然会吸引众多高水平选手纷至沓来。面对高手如云的竞争环境,水平较低的选手往往举步维艰,即便偶尔凭借运气取得一两次佳绩,从整体来看,其输多赢少的命运也难以改变,最终沦为职业高手们的"猎物"。随着低水平选手在比赛中逐渐被淘汰,在高额赛事中最终留下来的都是精英中的精英。理智的参赛者应当清醒地认识到这一点,切勿仅凭一腔热情盲目投身于与自身实力不符的赛事。

放眼全球,客观来看,欧美地区的扑克玩家的整体水平普遍高于其他地区。究其原因,一是扑克运动在欧美地区的发展历史悠久,普及程度高;二是欧美地区扑

---

① 我国举办的竞技扑克赛事除外,通常会要求选手通过资格赛选拔获得大赛邀请函。

克产业体系成熟完善。在世界范围内，主流扑克赛事主要集中在欧美地区，包括 WSOP、WPT（世界扑克巡回赛）、EPT（欧洲扑克锦标赛）。这三大赛事堪称业界翘楚，每年在全球各地举办多站比赛，总计场次过百场，吸引参赛人数逾万人。这些赛事的报名费相对较高，主赛事报名费通常为 3500～10 000 美元，而豪客赛的报名费更是高达 5 万美元以上。与之相对应，参赛选手中职业牌手的比例极高，豪客赛更是汇聚了众多世界顶尖牌手，堪称扑克比赛的金字塔尖。

赛事	名称	举办地	报名费
WSOP.COM	World Series of Poker 世界扑克系列赛	美国拉斯维加斯	$10 000
EPT EUROPEAN POKER TOUR	European Poker Tour 欧洲扑克锦标赛	巴黎、蒙特卡洛、巴塞罗那、塞浦路斯、布拉格	€5300
WPT	World Poker Tour 世界扑克巡回赛	美国、澳大利亚、加拿大、韩国	$3500~$10 000
APT ASIAN POKER TOUR	Asian Poker Tour 亚洲扑克巡回赛	韩国、越南、中国台湾、菲律宾	$2000
China Poker Games	China Poker Games 中国国际扑克大赛	三亚	大赛邀请函

全球主要扑克大赛一览表

近年来，扑克运动在亚太地区持续升温。APT（亚洲扑克巡回赛）、APPT（亚太扑克锦标赛）等赛事规模不断扩大，其主赛事报名费大致在 2000 美元左右。澳大利亚、韩国、日本、中国台湾等国家或地区也涌现出各自颇具影响力的扑克赛事。在中国，CPG（中国国际扑克大赛）已连续举办 11 年，为中国扑克选手搭建了优质的竞技平台。如今,一部分中国选手已成功"冲出亚洲,走向世界",在各类国际大赛中斩获洲际冠军乃至世界冠军。

WSOP——扑克界的奥运会

在全球德州扑克竞技的广阔舞台上，WSOP 始终占据着无可替代的标志性地位，不仅是全球历史最为悠久的扑克赛事，更是推动扑克运动全球化的重要驱动力之一。

WSOP 诞生于 20 世纪 70 年代。自 1970 年起，每年夏季都会在美国拉斯维加斯如期举行，赛期通常为一个月。WSOP 诞生初期的前十年，规模相对较小，局限于几十个精英间的较量。其中，最为人称道的是被誉为"扑克教父"的道尔·布朗森①（Doyle Brunson），他凭借 102

道尔·布朗森（Doyle Brunson）

---

① 布朗森先生于 2023 年 5 月离世，享年 89 岁，其著作《超级系统》被扑克玩家尊为"扑克圣经"，至今仍在扑克界具有深远影响。

不同花的手牌连续两次夺得冠军。这不仅成为他的标志性手牌，更在扑克史上留下了浓墨重彩的一笔。

20世纪80年代和90年代，WSOP进入了稳健发展的20年。参赛人数从百余人逐步增长至1999年的400多人。华人传奇牌手陈金海（Johnny Chan）在1987年和1988年连续两年荣膺WSOP主赛冠军，1989年惜败于菲尔·赫尔穆斯（Phil Hellmuth），屈居亚军。他是至今最后一位连续两届赢得WSOP主赛冠军的选手，许多人认为他的这一纪录或将永载史册。

陈金海（Johnny Chan）

WSOP的真正爆发始于2003年，网络扑克与电视节目的兴起引发了扑克玩家群体人数的井喷式增长。2003年WSOP主赛冠军克里斯（Chris Moneymaker）仅在网络扑克游戏"扑克之星（Pokerstars）"上投入39美元，就通过一系列卫星赛赢得价值1万美元的主赛入场券，最终捧得冠军奖杯，赢得 250 万美元巨额奖金。他的传奇经历激发了无数牌手投身比赛，被媒体誉为"Moneymaker 效应"。次年，WSOP 主赛人数从上一年的 800 余人骤增至 2500 余人，实现了 3 倍增长。自此之后，WSOP 主赛人数连年飙升，自 2005 年起突破 5000 人大关，近 20 年来一直维持在 6000～8000 人。2023 年，WSOP 迎来了历史性的里程碑，主赛人数首次突破万人，冠军奖金高达惊人的 1200 万美元，其规模与影响力远超其他任何扑克赛事。

近 20 年 WSOP 主赛统计

年份	冠军	奖金	参赛人数（人）
2003	Chris Moneymaker	$2 500 000	839
2004	Greg Raymer	$5 000 000	2576
2005	Joe Hachem	$7 500 000	5619
2006	Jamie Gold	$12 000 000	8773
2007	Jerry Yang	$8 250 000	6358
2008	Peter Eastgate	$9 152 416	6844
2009	Joe Cada	$8 547 042	6494
2010	Jonathan Duhamel	$8 944 310	7319
2011	Pius Heinz	$8 715 638	6865
2012	Greg Merson	$8 531 853	6598
2013	Ryan Riess	$8 361 570	6352
2014	Martin Jacobson	$10 000 000	6683

续表

年份	冠军	奖金	参赛人数（人）
2015	Joe Mckeehen	$7 683 346	6420
2016	Qui Nguyen	$8 005 310	6737
2017	Scott Blumstein	$8 150 000	7221
2018	John Cynn	$8 800 000	7874
2019	Hossein Ensan	$10 000 000	8569
2021	Koray Aldemir	$8 000 000	6650
2022	Espen Jorstad	$10 000 000	8663
2023	Daniel Weinman	$12 100 000	10043

2023年举办的第54届WSOP已然演变为一场历时达50天、涵盖95场现场赛事与20场线上赛事、吸引超过20万名全球选手、覆盖127个国家和地区的盛会，无愧于"扑克奥运会"的美誉。赛事种类繁多，除主流的无限注德州扑克（NLH）之外，还包括底池限注奥马哈（PLO）、短牌（Short Deck）、梭哈（Stud）、雷斯（Razz）及八项全能混合游戏等多种形式。比赛报名费差别颇大，从数百美元至数万美元不等。其中低额赛事尤为火爆，参赛人数达数千乃至上万人。随着比赛级别升高，参赛人数逐渐减少，高水平选手占比显著提升，5000美元以上买入的高额赛事参赛人数通常在千人以内，成为全球顶尖牌手竞逐的战场。对于选手们而言，除了丰厚

奖金的诱惑，更重要的是对象征世界冠军这一至高荣誉的金手链的渴望，以及在颁奖典礼上伴随着国歌颁奖的荣耀时刻。赢得 WSOP 冠军，已成为无数扑克爱好者的终极梦想。

第一章 WSOP 的前世今生

中国选手 WSOP 战绩

多年以来，WSOP 的各项奖牌榜单长期被欧美选手霸占，奖牌榜中美国一家独大。这在很大程度上归因于扑克在欧美地区的极高普及率，以及美国在参赛人数上的压倒性优势。相比而言，中国选手征战 WSOP，不仅需要克服漂洋过海、舟车劳顿之苦，还要解决住宿、餐饮、语言沟通等和比赛息息相关的一系列问题。然而，即便面临诸多挑战，WSOP 作为"扑克奥运会"对于中国选手的吸引力依然强大。近年来，每年都有上百位中国选手远赴拉斯维加斯，追逐梦寐以求的金手链。

当然，由于中国选手在 WSOP 庞大的参赛群体中占比很小，2022 年以前，中国选手在 WSOP 上总共只收获了四条金手链。而在最具分量的主赛中，尚未有中国选手成功闯入决赛桌，最好的成绩是朱跃奇（Rich Zhu）在 2018 年获得的第十名。

然而，这一切在 2023 年拉斯维加斯的炎炎夏日发生了戏剧性的转变。中国选手集体爆发，一举斩获五条金手链，金牌总数跃居国家排行榜第三位，仅次于美国和加拿大。同时，中国选手还取得了三个亚军和四个季军的优异成绩，进入奖励圈的人次与获得的总奖金数双双挤入国家排行榜前十。这一系列数据强有力地表明，中国选手的技术水平已经有了突飞猛进的变化。我们有理由相信，未来这股来自东方的神秘力量必将在 WSOP 舞台上继续大放异彩，持续向世界展现中国扑克选手的实力与风采。

2023 年 WSOP 榜单

金牌榜	奖金榜	奖励圈榜
美国	美国	美国
加拿大	英国	加拿大
中国	加拿大	英国
巴西	法国	法国
英国	德国	巴西
法国	巴西	德国
乌克兰	中国	日本
瑞士	西班牙	中国
越南	俄罗斯	以色列
中国香港	保加利亚	澳大利亚

数据来源：WSOP 官网

历年 WSOP 金手链中国选手获得者

年度	赛事	选手	奖金
2016	赛事 59：$5000 无限注德州扑克	杜悦	$800 586
2018	赛事 35：$1500 底池限注奥马哈混合赛	朱跃奇	$211 781
2018	赛事 68：$1000 一滴水无限注德州扑克	魏国梁	$559 332

续表

年度	赛事	选手	奖金
2022	赛事19：$25 000底池限注奥马哈	李桐	$1 467 739
2023	赛事26：$800无限注德州扑克深筹赛	茅人及	$402 588
2023	赛事37：$2000无限注德州扑克	李远	$524 777
2023	赛事42：$800无限注德州扑克	徐强	$339 377
2023	赛事44：$3000无限注德州扑克	张阳	$524 777
2023	赛事65：$5000六人桌无限注德州扑克	蒲蔚然	$938 244

数据截至2023年7月

第二章 『蒲克王』的牌手之路

多年前，我在大学毅然选择数学专业的那一刻，恐怕未曾预料到，有朝一日我居然会学以致用到德州扑克这样一个棋牌类游戏上。

事实上，我对传统棋牌类游戏向来兴致索然。身为一个地道的重庆人，每逢佳节，面对亲友间的麻将、斗地主、炸金花邀约，我总是提不起半点参与的兴趣。至于象棋、围棋、五子棋等棋类项目，我也仅限于知晓基本规则，从未主动尝试过，更遑论深入钻研。然而，这一切都在我遇见德州扑克的那一刻发生了改变。

初识德州扑克

时光回溯至 2010 年春节假期，我与几位好友在酒吧小聚，一位挚友突然神秘地从口袋中掏出一副扑克牌，眼神狡黠地对我们说："来玩个新游戏吧，保准你们喜欢。"起初，我对他的提议并无太大兴趣，毕竟我对牌类游戏一贯冷淡。然而，闲暇无聊加之他的一番鼓动，我最终还是加入了游戏。他一边教授规则，一边与我们实战演练，出乎意料的是，大家竟纷纷被这个游戏所吸引。尽管当时连筹码道具都没有，只能以口述代替记分牌，条件简陋至此,我却从此踏上了德州扑克的"不归路"。

自那时起,我开始在网络上疯狂搜寻与德州扑克有关的书籍、文章、视频,如饥似渴地汲取关于这个游戏的一切知识。彼时,德州扑克在国内尚处于萌芽阶段,教学资源匮乏。与许多同年代的爱好者一样,我也是在《超级系统》(*Super System*)、《哈灵顿在牌桌》(*Harrington on Cash Game*)、《德州扑克小绿皮书》这"老三篇"的帮助下,跌跌撞撞地上路了。

往后一段时间里,几乎每次同学、朋友聚会,我都会向大家疯狂推荐德州扑克这个游戏。也许是地处北京、身处金融圈的缘故,大家对这个游戏的接纳度普遍较高,一群志趣相投的牌友逐渐集结。我们每周都组个三五局,切磋牌技,甚至还定期举办小型比赛SNG(单桌即时赛),并且煞有介事地设立积分排名。每个赛季结束后,大家都会严肃认真地召开总结会,彼此剖析牌技优劣,那种"红红脸,出出汗"的氛围,如今回想起来或许尽是"菜鸡互啄",但对扑克的那份执着与热忱,至今仍能给人带来温暖。

 ## 艰难进阶

我一直认为自己在游戏方面并不是一个很有天赋的人。

以我曾经痴迷的电竞游戏《星际争霸》为例。初涉此道时，我并非朋友中出色的玩家。即便当我开始研习高手战法，掌握一些开局策略后，依然难以击败那些仅凭直觉、未经学习的"野路子"对手。在我看来，这便是天赋的差距，而我似乎总是那个后知后觉之人。

在扑克方面亦是如此。我记得最初那个朋友局积分榜上，我的排名也就处于中等偏上，从没有哪个赛季得过冠军。要知道，这仅仅是一个不过十几人的休闲娱乐圈子。这至少说明，在德州扑克入门阶段，我并没有展现出超越常人的优势。

约莫大半年后的一天，我在赶往一个饭局的路上，无意间发现路边矗立着一家名为"豪胆之星"的扑克俱乐部。原来，国内竟也有公开进行德州扑克活动的场所，这仿佛为我开启了一扇通向新世界的大门。在这家俱乐部里，我体验到了规范严谨的比赛，结识了国内首批专业的比赛玩家，了解到诸如中扑网、智游城等技术交流

论坛，以及供玩家在线练习、切磋的扑克游戏平台。就这样，我从一个纯粹的娱乐新手，逐步迈入了德州扑克的"圈子"。

此后，我的重心逐渐从朋友娱乐局转向俱乐部的专业比赛。凭借着对学习德州扑克的执着和热情，我逐渐积累了一定的比赛技巧与经验。由于入行较早，在国内俱乐部比赛逐渐兴起的那几年，我已能时常在新开张的俱乐部中有所斩获，iPhone、iPad 等丰厚奖品早已抵销了前期的投资成本。然而，我并未满足于在低水平环境中轻松获利，我始终坚信德州扑克最大的魅力在于与高手的智谋较量。作为一项脑力竞技运动，能够在对局中作出优于对手的决策，其价值远胜于短期的胜负得失。

我渴望不断提升自我，去更广阔的舞台挑战更强的对手。

参加国内外扑克大赛自然成为我的目标。然而，作为一名标准的"金融狗"，假期时间极为有限。除去法定节假日，最重要的年假也仅有一周，根本无法像职业牌手那样随心所欲地参加全球各地的赛事。因此，我只能精心挑选那些最向往的国际大赛，作为自己扑克生涯的进阶之路。

我人生中第一场大型现场扑克锦标赛，便是 2015 年 EPT 巴塞罗那站的主赛事。这场赛事的报名费高达 5300

欧元，代表着当时全球线下扑克的最高水准。这对于一个大赛新人来说，无疑是顶配的初体验。尽管当时我已经在某线上平台跟欧美高手有过交锋，但当我真正坐上 EPT 主赛的牌桌，眼睁睁看着对手们 3bet[①] 过去、4bet 过来，而自己根本看不懂他们在干什么时，才第一次感受到这个游戏的技术鸿沟之深。毫无意外，我在那场比赛第二比赛日前期就早早地被淘汰，连奖励圈的门都没摸到。而我出局的代价是剩余假期无法继续参加比赛，只能专心陪老婆游览巴塞罗那的美景。巴塞罗那确实很美，圣家堂、米拉之家这些人类艺术瑰宝令人震撼。然而，对我来说，最美的风景却永远是牌桌上五彩斑斓的记分牌、形形色色的对手，以及那难以捉摸的手牌。

2015 年 EPT 巴塞罗那站

---

① 扑克术语，第三次下注，通常指翻牌前有人开池加注后，再加注的动作。4bet、5bet 等以此类推。

"没有一个动作是对的"

EPT 的失利并没有动摇我在扑克进阶道路上前进的决心。换个角度想，最难的比赛都打过了，再打其他比赛应该容易很多吧？从巴塞罗那回来以后，我一方面继续利用各种假期寻找参加大赛的机会，另一方面也加强了线上比赛的练习。当时国内联众游戏平台推出了德州扑克比赛，我自然成了其中的常客。凭借着之前在某国际平台上获得的经验，我很快在联众平台上打出了一条漂亮的战绩曲线。

与此同时，我召集了家乡重庆的一帮扑克比赛爱好者，组建了重庆 FOG 战队。我们不仅结伴参加国内外大赛，还利用周末休息时间，定期组织战队内部周赛，模拟国际大赛后期的比赛结构进行实战演练。这些日常训练在一定程度上弥补了我大赛参赛频次不足的缺憾。

2017 年初，因工作跳槽带来的数月休息期，为我提供了宝贵的外出参赛机会。当时澳门频繁举办亚太地区的扑克赛事，我自然是满怀期待地出战。然而现实往往是残酷的，红龙杯、亚洲冠军赛（ACOP）、亿豪扑克赛（MBP）三个系列赛七八场比赛打下来,我竟然颗粒无收,其中包括报名费高达 5 万港元的代表亚洲最高水平的豪客赛。尽管我很清楚短期的比赛结果并不能完全反映选手的真实水平，但我迫切想知道在这些比赛中，自己的竞技水平究竟如何，到底有没有打错牌。

最直接的办法就是请教高手。我通过朋友辗转找到一位当时华人扑克界公认水平很高的职业牌手，把我在澳门的那几场比赛的手牌记录发过去向他请教。他很认真，用了很大篇幅细致分析了我的每一手牌，甚至还总结了其中的共性思维误区。看完以后，我大为震撼。几乎每一手牌都有或多或少的问题，而他讲的又非常合理。这让我想起曾听闻某知名选手在接受采访时评价其他牌手的名言："没有一个动作是对的。"当时我只当作笑谈，如今对号入座，发现竟然是自己。

是的，我这个有着七年牌龄、自认为在俱乐部所向披靡、参加过世界级大赛、线上成绩尚可的牌手，以专业扑克的标准衡量，竟然还未真正入门。

这就是德州扑克的特质：易学难精。在那个大部分人依赖直觉和经验打牌的年代，天赋往往是制约牌手水平的天花板。而我，并不是那个有天赋的人。

涅槃重生

如果将德州扑克视为一门学科,那么它必然遵循其内在的规律。如何提升扑克水平?唯有学习,而且要系统学习。

2017年,我视其为自己扑克生涯的转折点,因为我开始了真正意义上的专业化、系统化学习。其间,我有幸遇到了两位对我的成长影响深远的导师。

第一位导师是华人扑克界德高望重的朱跃奇(Rich Zhu)老师。Rich老师不仅是WSOP历史上最成功的华人牌手之一,同时也是华人扑克顶级论坛智游城的创始人。过去,我常在智游城阅读Rich老师的精彩文章,却未曾想过有一天能有幸得到他一对一的亲自指导。或许正是因为"早起的鸟儿有虫吃",2017年初,恰逢智游城开设智游学堂,我第一时间登门求教。没想到,之前素未谋面的Rich老师竟欣然接受了我的私教请求,令我惊喜不已。虽然Rich老师身处大洋彼岸,我们只能通过线上语音讲牌的方式交流,但这已然是无数牌手梦寐以求的机会,我倍加珍惜。从我之前几场比赛的手牌记录,到随后大半年中我遇到的其他比赛问题,Rich老师都给予了耐心细致的解答。他对手牌问题的详尽剖析，至今仍让我深受感动。在 Rich 老师的悉心指导下，我的牌理基本功得到极大的巩固，很多"半罐水"牌手常见的过度思考、不重视基础等问题都得到了很好的纠正。

第二位导师是当时中国线上比赛的领军人物，享有"大魔王"美誉的赵威。那句著名的"没有一个动作是对的"便出自他的口，而这位看似狂妄的年轻人也确实有他狂妄的资本。EPT边赛四冠王、"扑克之星超新星（SNE）"等头衔，当年即便在亚洲范围内也无人望其项背。2017年末，当我得知赵大师要开培训班，而且是计划为期一年的系统性培训时，我毫不犹豫地成为首个报名者。

赵大师的课程首次让我系统地接触到现代扑克均衡策略理论，使我意识到仅凭个人有限的手牌经验形成的扑克策略，永远无法与专业软件的精确计算相媲美。这就好比"阿尔法狗"给围棋带来的革命性变革。更重要的是，面对软件给出的结果，优秀的牌手不仅要理解其背后的博弈逻辑，还要能根据对手的倾向在均衡策略"基线"之上进行灵活调整，绝不能机械地照搬软件给出的结果。这些才是提升扑克内功的核心所在。

这个学习过程无疑是痛苦的，甚至需要彻底颠覆我原有的思维习惯，构建全新的知识体系。赵大师在基础阶段的授课让我印象深刻。一个看似简单的"庄位对大盲位 25BB 单次加注底池，翻牌 AK2 彩虹面"场景，他为了帮助大家理解均衡策略及其背后的博弈关系，深入讲解长达两小时。他常常以"这都不跟吗？""这也能扔吗？"之类的灵魂拷问，迫使学员独立思考。只有经历过这样深入的思维训练，才能逐渐形成所谓的"肌肉记忆"，将知识融会贯通。

这不禁让我回想起小学时期接受乒乓球专业训练的经历。当时，我在学校已无敌手，于是决定挑战业余体校。然而，在第一堂训练课上，我甚至不能触球，教练严格要求我按照新教的标准挥拍姿势"比动作"，彻底改变我过去的习惯。按照新姿势，我连最简单的球都打不到，感觉非常别扭。然而，经过一段时间的刻意训练，我逐渐适应了标准动作，上桌打球也变得游刃有余。经过一学期的专业训练，我的乒乓球水平可以说有了脱胎换骨的变化，其效果远超自己盲目摸索。

这就是专业和业余的区别。在错误的道路上走得越远，纠正的过程就越痛苦。而一旦走上科学正确的路，便会真正打破努力的上限这一天花板，使自己达到仅凭天赋无法企及的高度。

"蒲克王"的诞生

赵大师的培训班持续了1年共50节课，全班40多人最后坚持下来的不到5人，而我很庆幸是那十分之一。这一年我从"没有一个动作是对的"，到习惯于用软件复盘每一场比赛，由此带来的水平跃升是巨大的。尽管短期成果难以量化，但我明显感觉到在打牌过程中，自己对行牌线路的把控、范围的解构、手牌的选择等关乎策略优劣的关键问题，已经有了更为清晰的认识，不再像过去那样无知和困惑。

当然短期的成绩同样具有激励作用。赵大师要求除上课之外，每人还必须在一年之内打够1500场线上比赛作为训练。以前从来觉得不可能打赢的某线上平台，我这一年打下来竟然在并不太低的级别取得了总战绩为正的成绩，这对我来说是极大的鼓舞。

2018年9月的中秋节假期，我再次前往澳门参加扑克王锦标赛，幸运地闯入了主赛决赛桌。这并非我首次打入大型赛事的决赛桌，前一年25 000港元买入的澳门ACOP热身赛，我也曾跻身决赛，最终获得第四名。只是在那张桌上，我犯了很多错误而不自知。而这一次，我的技术和心态已经有了质的蜕变。面对实力并不算强劲的对手，许多牌局的决策甚至让我感到颇为轻松，与前一年决赛桌上的如履薄冰形成了鲜明对比。当然，运气也十分眷顾我，决赛桌中期一把 AA 翻 3 倍让我成为 CL[①] 之后，剩下的就是不断压制短码对手，直至毫无悬念地捧起冠军奖杯。

是的，我赢得了人生中第一场扑克大赛——澳门的扑克王锦标赛主赛冠军。

2018 年我在澳门的扑克王锦标赛主赛夺冠

有趣的是，这场比赛名称恰好跟我名字谐音，从此之后朋友们就给我取了个霸气的外号——"蒲克王"。

---

① Chip Leader 的缩写，扑克术语，指场上的记分牌领先者。

精进之路

俗话说得好："师傅领进门，修行在个人。"

经历系统性培训，赢得大赛冠军，只是我作为一名专业牌手的起点。迈过专业和业余的鸿沟，等待我的是竞技扑克世界无尽的挑战。我深知，此时的我充其量只是一个刚刚接受现代扑克体系训练一年的初级运动员，距离我心中向往的目标还很遥远。

如同任何一项体育运动，要想成为专业中的翘楚，唯有科学系统地训练和持之以恒地付出。为了能与欧美顶尖选手有更多的线上对局机会，我不惜忍受时差之苦，在不知多少个"重庆的凌晨4点"起床战斗。比赛、复盘、总结，我将下班后的业余时间几乎都献给了扑克。

假期更不必说。为了出国参赛，单位办公系统里面我的那些"出入境审批表"多得连我自己都不好意思。有一次，为了赶一场亚洲地区的重要比赛，我甚至创造了周末两天往返韩国首尔的纪录。好多朋友都纳闷，行程这么折腾就为了一场比赛，值得吗？而在我心里，只要能打上比赛，风雨兼程的艰辛又何足挂齿？！

2019年夏天，我再次来到巴塞罗那征战EPT。这次我不仅参加了主赛，还首次挑战了 1 万欧元报名费的 EPT 豪客赛。这是一场名副其实的世界顶尖选手巅峰对决。芬兰传奇牌手安东尼奥斯（Patrik Antonius）、PSPC（扑克之星冠军赛）亚军法国人马蒂尼（Julien Martini）、奥地利线上大神穆洛克（Thomas Muhlocker）等平日只能在视频中见到的牌坛巨星，此刻皆坐在我周围。相较于四年前的懵懂与无所适从，此刻的我已经能够凭借均衡策略的基本思路勉强跟上比赛节奏，但激烈的攻防对抗仍让我感到有些力不从心，甚至有一个级别我连续三圈牌都没有找到入池机会！

而此时桌上有一位我叫不出名字的选手引起了我的注意。与我形成鲜明对比的是，他在各路好手夹击下就像"住在底池里"，无论码量如何起伏，其入池率始终居高不下。我心想，按这哥们的打法，如果不是一条"疯鱼"，那必定是深藏不露的大神。直到最后他以一手惊天诈唬被抓出局后，对手边收拾记分牌边说了一句："I called only because he is '€urop€an'（看他是 '€urop€an' 我才抓的）."什么？原来他不仅是大神，还是传说中的顶级大神——人称"欧洲人"的"€urop€an"（线上昵称），真名塞缪尔·沃斯登（Samuel Vousden）。他在线上的比赛战绩曲线犹如神迹，是少有的被认为碾压高额圈的选手。只是他很少参加线下比赛，其真容鲜为人见。

后来，我通过社交媒体私信"欧洲人"，询问能否请他当我的教练，给予一些指点。毕竟作为线上的老对手，他对我的情况也还算了解。也许是看出我求教心切，他的回复至今令我难忘："If you want the best help, you can get yourself（最好的帮助来自你自己）."

这句话令我醍醐灌顶，一下子明白了我和顶尖选手的差距。"求人不如求自己"，这是强者的必备素质。如果一切都寄希望于更厉害的人来教，自己又如何能成为更厉害的人呢？

确实，Rich 老师、赵大师、"欧洲人"等，都只能是我某一阶段取得进步的外部助力，而不是我能否最终获得成功的决定性因素。在那些迷茫困惑、身心疲惫的夜晚，究竟是继续忍受跑软件的枯燥，还是偷懒放过那些不甚明了的决策点，内心的自驱力是否足够强大，才是决定我能否走向卓越的关键。

这并不意味着顶尖选手都应闭门造车。相反，"欧洲人"向我推荐了一个名为"CNC Poker"的欧洲扑克培训组织。在那里，我结识了一帮现役欧美顶尖职业选手，他们定期通过群体讨论（Group Session）的形式分享各类扑克专题研究成果，其理论和实战水平之高，问题探讨之深入，让我大开眼界。近几年在那里的学习，让我清晰地了解到世界领先的扑克技术已发展到何种程度，以及在顶级比赛中具备怎样的表现才称得上有竞争力。

2021年初，我告别了从业11年的银行金融市场工作，全身心投入扑克事业。辞职尽管也有其他原因，但客观上为我参加全球比赛扫清了障碍——再也不必为请假参赛而烦恼。很多朋友都调侃我说，打了这么多年牌，"蒲克王"终于把自己打成了职业牌手。

但在我看来，我并不是那种所谓的职业牌手——以赚钱为唯一目标，专挑弱者和软比赛收割，一切为了利益最大化。

很早我就意识到，我热爱的是扑克游戏本身。"更高、更快、更强"的奥林匹克精神可以完美诠释我对竞技扑克的追求。与那些仅以盈利为考量点的职业牌手不同，我挑战的是这个星球上最顶尖的脑力强者，追求在最艰难的比赛中赢得胜利。

这条道路注定布满荆棘，所需的人力、物力、财力都面临巨大不确定性。尽管如此，我愿意承担这一切。我选择成为一名"扑克运动员"，真正将德州扑克视为一项竞技运动来对待。

第三章 出发！拉斯维加斯

作为一名运动员，参加奥运会应该是毕生的追求。自然，参加被视为扑克奥运会的 WSOP 肯定也是我这个扑克运动员必不可少的目标。只是由于 WSOP 的赛程相较其他扑克赛都要长不少，举办地又远在美国，所以当我还在银行任职的时候，有限的假期实在无法支持我来一趟扑克奥运之旅。

2021 年和 2022 年受到全球新冠病毒疫情的严重影响，许多扑克大赛参赛人数和国际化程度均大打折扣。随着世界各国疫情管控的逐步放开，2023 年的 WSOP 从筹备之初就被广泛预测将成为刷新纪录的一个比赛。如今拥有时间自由的我，自然没有任何理由再次错过这场扑克盛宴。

扑克大冒险之旅

新冠病毒疫情三年期间，刚刚从银行朝九晚五生活中解脱出来的我，对参加扑克大赛的渴望越发强烈。曾经，我翘首企盼的假期，就是为了去那些耳熟能详的世界大赛一展拳脚。而眼看不需要请假了，却又被疫情困于家中，出入境成为一道难以逾越的关卡。

因此，当 2023 年疫情阴霾逐渐消散时，我毫不犹豫地开启了全球扑克大赛计划，挑选世界范围内影响力最大、竞技水平最高的顶级赛事进行挑战。我决定以视频博客（vlog）的形式记录下这段旅程，通过社交媒体账号"蒲克王的奇妙冒险"在全网分享。

为了全力以赴迎接这一年挑战全球顶级比赛的大冒险，我甚至把《星际争霸》这个 20 年的挚爱游戏都戒了，目的就是要把全部时间和精力都投到扑克训练和比赛备战中。记得上一次祭出这招"大杀器"还是在十几年前备考研究生时，整个大四上学期我没有打过一局《星际争霸》游戏，全心投入学习，最终以全院第三的佳绩考入中国人民大学的金融系，效果显著。这一次，历史是否会重演？

按照计划，2023 年我将出征全球范围内八项顶级系列赛事，而 WSOP 将是全年第四站。2023 年 1 月底，我首先奔赴巴哈马参加了 PCA（加勒比挑战系列赛），结果出师不利，没有开门红不说，竟然颗粒无收"喜提零钱圈"。紧接着 2 月回国，参加福州 TJPT（中国竞技扑克系列冠军赛）和三亚 CPG 这两个国内最大赛事，运势依旧低迷，仅有两场获得小成绩。直到 4 月出征 EPT 蒙特卡洛站，终于在 2200 欧元报名费、1200 人参赛的法国杯豪客赛中斩获第四名，总算交出了一份尚可的成绩单。接下来，WSOP 即将来临，等待我的又将是怎样一个挑战？

赛前准备

与普通的扑克系列赛不同，WSOP 的赛期长达近两个月。早在赛前几个月赛事一公布，我就对 2023 年的详细赛程与赛事结构进行了深入研究。

首要问题便是：我要参与全程吗？对于众多追逐金手链的牌手来说，他们不愿错过任何一场可能的赛事。如果你对扑克足够热爱，就要做好在拉斯维加斯炎炎夏日度过两个月的准备。作为首次扑克朝圣之旅，我决定拿出"全下（All In）"的态度，妥善安排好其他事务，全力以赴，全程参与！更何况，首个比赛日便是一场 25 000 美元报名费的顶级高额赛事，自然不能轻易错过。

第二个问题关乎住宿：是选择酒店还是租房子？在异国他乡度过两个月，住宿至关重要。如果选择酒店，那么 WSOP 举办地——马蹄铁酒店与巴黎人酒店无疑是首选。这两个酒店从房间到赛场都仅需要 10 分钟步行，赛间休息甚至都可以回房稍作调整。通常参加其他大赛时，比赛酒店都是首选。然而，我实在难以想象在 30 平方米的酒店房间中度过整整两个月会是怎样一种体验，人会不会被憋疯？因此，我决定租房。拉斯维加斯的民宿选择丰富多样。恰巧有两位熟悉的牌友与我行程相同，我们可以合租，彼此之间也能有个照应。经过一番精心挑选，我们最终选定了一栋距赛场车程 20 分钟以内、设施条件相对较佳的三居室，价格与住酒店也相差无几。

  接下来，便是专心致志地备战，静待启程。从蒙特卡洛归来以后，除了日常训练，我把前一年 WSOP 所有金手链赛事的决赛桌视频几乎都看了个遍。一方面是为了适应 WSOP 赛事的整体节奏，另一方面则是观察选手们在争夺金手链的决赛桌上的整体打法和风格是否与其他赛事有所不同。我发现，由于 WSOP 赛事结构通常更为精细，而且很少限制选手的思考时间，因此大家的决策通常更为谨慎。毕竟，WSOP 每一场的参赛人数远超同级别其他赛事，进入决赛桌争夺金手链的机会又极为珍贵，谁也不希望"一失足成千古恨"。这样的节奏其实更加适合我的牌风，想到这些，我真是恨不得马上奔赴战场，一展拳脚。

抵达战场

2023年5月末的一天，我终于来到了世界扑克运动的发祥地——美国拉斯维加斯。不愧是举世闻名的赌城，还没出机场，便可见到游戏区域的老虎机等供旅客娱乐。尽管在全球很多国家，扑克游戏常设置于赌场内，但与其他赌场内的项目不同，扑克是唯一一个玩家之间对战而非与赌场对赌的游戏。赌场仅提供场地和发牌员服务，从中收取一定费用。在我看来，这是扑克与传统赌博游戏最大的区别。与赌场博弈，长期来看玩家必败无疑，但与玩家对抗，只要技术优势足够大，完全有可能凭借实力实现稳定盈利。

从机场乘车短短十分钟，我便抵达了即将租住两个月的独栋小院。这里位于一片相对宁静的街区，远离赌场的嘈杂，为结束一天紧张比赛后的休憩提供了理想的环境。宽敞的开放式厨房与客厅相连，各类厨具一应俱全。虽然伙伴们的厨艺都堪忧，但准备简单的早午餐填饱肚子还是绰绰有余的。三个卧室各自独立且安静，均配备写字台放置电脑，洗衣机和烘干机崭新如初。如此舒适的居住环境超出了我的预期。尤为值得一提的是，屋外的小院设有室外沙发、遮阳棚，草坪面积不小，非常适合户外活动。我本打算在此定期进行徒手有氧锻炼，然而，我严重低估了拉斯维加斯盛夏的高温，即使是习惯了重庆火炉气候的我，也忍不住感叹仿佛置身火星般酷热。在这种环境下，根本无法离开空调房，原本的健身计划自然成为泡影。

战斗生活两个月的地方

为期 50 天的 WSOP 即将在第二天正式拉开帷幕，安顿妥当后，我便迫不及待地前往赛场进行踩点。出租车上，当地司机师傅对我不远万里前来参加 WSOP 表现出浓厚的兴趣，询问我来自中国的哪个城市、飞行时间有多久、中国是否也有扑克比赛等问题。这一系列友善的交流让我深切感受到美国人的质朴与热情。在我们愉快的对话中，近几年被热议的"紧张的中美关系"似乎消失无踪。或许扑克正是超越政治、增进国际体育与文化交流的一种方式。

WSOP作为全球最大的扑克赛事,其规模之大从抵达马蹄铁酒店门口便可见一斑,相关标识与宣传广告令人目不暇接。步入赛场区域,沿途经过纪念品商店、报名处,最终当我看到位于巴黎人酒店的主赛场——一个占地几千平方米、摆满了几百张扑克桌的超大会议厅时,我被这壮观的景象深深震撼。难以想象,明日这里将坐满来自世界各地的扑克选手,那将是怎样一个人声鼎沸的盛况?而这还只是主赛场之一,马蹄铁酒店的赛场同样规模庞大。此外,主赛及各项边赛决赛桌的直播还专门设有演播大厅。毋庸置疑,仅从规模来看,WSOP被冠以"扑克奥运会"的称号可谓实至名归。

WSOP 赛场

趁着开赛前人少,我提前办理了参赛手续,开设了比赛账户。事后证明这是明智之举,因为次日,整个赛场将被汹涌而来的选手挤得水泄不通,报名处排起长龙。

如果没有提前做好准备，无疑会对选手的参赛状态造成影响。

此时的我有一种"万事俱备，只欠东风"的感觉。作为一名扑克运动员终于要踏入奥运会赛场，这种兴奋感是我参加其他大赛未曾有过的。

WSOP 赛场大门

第四章 艰难的首月战斗

2023 年的 WSOP 现场赛事数量庞大，共计 95 场，涵盖了不同级别与类型。50 天中即使最勤奋的选手也不可能打满所有赛事，因此赛事的挑选至关重要。对于我而言，既然目标是挑战最顶尖的选手，那么在"扑克奥运会"上，我自然会优先关注 3000～25 000 美元买入、竞技水平较高的赛事。而我的赛事类型限定在无限注德州扑克。毕竟术业有专攻，对于其他混合游戏，我从未研究学习过，就不去做那种"瞎猫撞死耗子"的投机取巧之事了。经过初步筛选，整个 WSOP 系列赛期间，我预计将参与二三十场赛事。

而首个比赛日，我就迎来了 25 000 美元买入的豪客赛——一场高价硬仗。

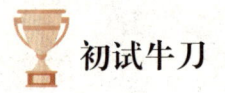

初试牛刀

这是一场为期 3 天的比赛，预计报名人数将超过 200 人，冠军奖金将超过 100 万美元，几乎是全球范围内 25 000 美元买入级别的最大规模的比赛了。我熟悉的很多世界顶尖选手都悉数登场，以此战开启年度奥运会之旅。和我不同的是，他们中很多人都经历过多次 WSOP

赛事的洗礼，而我作为首次参赛者，还需要些许的适应。

本场比赛的赛制是六人桌，起始记分牌为15万，60分钟涨盲。我选择在第六个盲注级别1500/3000起始50个BB①的时候入场。对于锦标赛而言，通常前期100BB以上深码阶段的战斗并不是最关键的。随着盲注级别增长，选手平均记分牌的深度会下降，真正决胜的时刻都是在后期比拼短码技术之时。我选择50BB进场也是因我更擅长中短码游戏的技术特点，不算太晚。

上桌后不久，我和白俄罗斯选手米基塔（Mikita Bodyakovsky，线上昵称"fish2013"）交锋的一手牌，让我感知到桌面动态较其他赛事还是有所不同的。对手是我眼中排名世界前三的"超级大神"，之前在线上线下都有过多次交手，其牌风以"稳、准、狠"著称。这手牌在转牌时，我中等牌力手牌遭遇他的过牌加注，选择跟注抵抗后，河牌出了空气牌。而此时他的A高牌在很难获胜的情况下没有选择继续诈唬，而是过牌放弃。当然，这个局面从均衡策略的角度看并不必100%选择继续诈唬，但当时对手的选择让人感觉略显保守。

在后续的牌局中，我发现选手之间的对抗普遍没有想象中的那么激烈。思考下来可能有两方面原因：一是

---

① 扑克术语，Big Blind，大盲。通常把记分牌总数换算成大盲的倍数，以此衡量码量深度。

这场比赛有一定比例的娱乐选手，其水平并不属于这个级别，但仍然为了金手链来拼一把。他们的存在会使得职业选手优先从他们手上获取记分牌，而避免过早和其他高手纠缠太深，也就是扑克界常说的"有鱼先打鱼"。二是对任何选手来说，参加 WSOP 的机会每年都只有一次，从机会成本的角度，大家往往会避免高风险、低收益的动作，从而整体策略趋向稳健。

当比赛进行到第二天，还差几人进圈的重要泡沫阶段，我正是利用了这一普遍的牌桌动态打了一手绝命诈唬。这手牌是庄位的顶级大神西班牙一哥马特奥斯（Adrian Mateos）开池进攻大盲位的我。他作为当时桌上的 CL，对我 30BB 中等码量构成了很大的 ICM 压制[①]。而面对他的持续下注，我用一手边缘诈唬手牌，从翻牌开始过牌加注，并在转牌、河牌连开两枪打到全下。最后他想了很久决定弃牌，我拿下了这一关键底池。我之所以敢这么做，就是笃定在桌面动态整体偏保守且我本应处于守势的局面下，他会认为我的进攻线路诈唬不足，放弃很多边缘"抓鸡"的手牌，从而让我的诈唬有较大成功率。

---

① 锦标赛专业术语，简单理解为码量不及对手、面临被淘汰风险的一方，理论上应被迫采取更加保守的策略。其中，ICM（Independent Chip Model，独立筹码模型）是一个用来计算玩家记分牌价值的数学模型。

这场比赛我顺利进入了奖励圈。但很可惜在最后三桌的时候，我的一手K花听牌和对手天顺在转牌打到全下，河牌没有出同花，最终止步于第15名。扑克奥运会的首场比赛没能打入决赛桌，离冲击金手链的目标还有距离，但这个成绩也算一个不大不小的开门红吧。

WSOP 25 000 美元买入的六人桌豪客赛第 15 名

最令我欣慰的是，在我排队领奖时，一位当天与我同桌很长时间、先我一步出局的欧洲职业选手主动过来跟我攀谈，并且真诚地对我说："You played really well（你真的打得很好）."来自对手的肯定是对我最大的鼓励，让我更有信心面对接下来的比赛。

遭遇低谷

本想借着首战东风来一个"芝麻开花节节高",然而接下来的一连串比赛却画风突变。

先是在一场近 2 万人报名的 1000 美元神秘赏金赛中,我连续参加了几组预赛都未能挺进第二比赛日。然后在熟悉的 5000 美元和 25 000 美元买入的两场高额赛事中,我竟然都早早被淘汰在截止报名之前。其他选手还没进场,我就已经尴尬地往外走了。而遭遇的手牌都很平常,甚至没有什么大的冤家牌(Cooler)和被爆冷反超(Bad Beat),就是各种不顺,记分牌稳步下滑直至被淘汰。当然,这样的情况对于锦标赛选手来说司空见惯,一手牌都没打错但牌运始终被对手压制,出局是必然的。我要做的只能是调整心态,重新出发,等待下一次的转机。

然而这样的转机却迟迟没有到来。

WSOP 中期赛程多以 3000 美元以下买入的中低级别赛事为主,较低的门槛意味着会涌入海量的玩家。尤其是美国本土玩家,他们可能一年中只参加 WSOP 这一项赛事,就是为了体验"扑克奥运会",哪怕只是蹭个奖励圈，也能成为日后与朋友吹嘘的谈资。谁能想象一场50岁以上年龄组赛事都能有8000多人参加？让人不得不感叹德州扑克发祥地深厚的群众基础。

在整个6月的赛程中，几乎我打的每场比赛人数都有好几千人。要想在这类比赛中打进奖励圈，甚至进入决赛桌，除了水平的稳定发挥，还得有逆天的运气加持，"九九八十一"关的跑马①那是躲不过的，而大部分比赛，能把握住十分之一左右进圈的机会就已然是幸运的。

尽管我后来也有几次成功闯入了奖励圈，但最好的成绩也只是止步于100多名，而那些两三百名开外的"垃圾名次"则让人感觉"食之无味，弃之可惜"。每次小心翼翼地坐上牌桌，熬过一两天后，却突然因一次跑马对决速败，收获一个令人沮丧的排名，这种感觉就像登山者在冲顶途中一脚踏空，瞬间跌落至半山腰。好在扑克比赛提供了无数次重新开始的机会，但在一段时间内反复遭遇此类出局打击，由此带来的挫败感不容忽视。在WSOP漫长的赛程中，我首次体验到了前所未有的疲惫感，竞技状态也在不知不觉中下滑。

记得在6月下旬的一场3000美元买入的赛事中，我居然打出一手好多年没出现过的烂牌。这手牌是"世界女子第一人"克里斯汀（Kristen Foxen）码量30BB左

---

① "跑马"泛指选手在翻牌前就全下，通过直接发牌决定胜负。

右在 CO[①] 位置开池，我在小盲位置拿到 K♠10♥，记分牌稍多于她，而大盲位坐着一名娱乐选手。我当时已经感觉到克里斯汀可能会针对娱乐选手开池很宽范围，我完全应该用这手边缘牌 3bet 反抢她，而实战中我却只是跟注。此为败招之一。翻牌发出 7♠6♣2♦，我又开始过牌加注诈唬对手，而不顾自己整体范围的牌力，心存侥幸。此为败招之二。转牌一张 5♦，我继续下注诈唬，结果被对手秒推，我只能无奈弃牌。"How could you fold（你怎么能弃牌呢）？"克里斯汀惊讶地问道。这下我才反应过来，原来她全下的记分牌并不多，我几乎已经套池了，而我下注之前根本没数清楚她的后手码量！这是一个只有新手玩家才可能犯的错误，竟然被我带到奥运会中！这手牌从翻前到翻后一连串的低级失误，令我无地自容。

那场比赛我又毫无意外地早早出局了，以至于在回家的车上还能欣赏到拉斯维加斯盛夏的夕阳。此刻，我的脑海中突然回荡起《日落大道》的旋律：

"我们寻找着在这条路的中间，我们迷失着在这条路的两端。每当黄昏阳光把所有都渲染，你看那金黄多耀眼……"

---

① 扑克术语，Cut Off 的缩写，牌桌选手位置之一。九人桌标准位置（按翻牌前的行动顺序）分别为：UTG（枪口位）、UTG+1、UTG+2、LJ（低劫持位）、HJ（高劫持位）、CO（关煞位）、BTN（庄位）、SB（小盲位）、BB（大盲位）。

那会是金手链的颜色吗？

在此之前，中国军团已经在一个月内爆发式地拿下了四条金手链。我的视频制片人从后方焦急地发来消息："你不蒸馒头争口气，赶紧拿一条回来好做节目啊！"我理解他并非扑克圈内人士，对扑克比赛的规律不了解，但面对他的催促，我一时竟无言以对。

理智告诉我，获得金手链对于任何人来说都是极小概率的事件，这不仅关乎个人的水平与努力，更需要幸运女神的眷顾。然而，总有人愿意持之以恒地重复着飞蛾扑火的举动。我坚信，只要坚持做好自己，长期的点滴积累终将换来"赢下所有金下"的那一天。

回到住处，我对自己前半程参与的比赛进行了系统性的复盘，果不其然发现了状态的起伏。在任何竞技运动中，选手的实际表现都是其基础实力与临场发挥的结合。如果将比赛状态分为 A（最佳）、B、C、D（最差）四个等级，此刻的我恐怕已滑落到 C 级。若继续这般"无脑"地打下去，我恐怕会亲手葬送掉自己首次 WSOP 之旅。我必须在思想上立刻警醒起来，在后续的比赛中要更加专注于每一手牌、每一个动作的决策，放下对结果的过分执念。"三分天注定，七分靠打拼"，将那七分可打拼之事做到极致，才是一个优秀运动员应始终关注的焦点。

我相信自己能够调整过来，尽快走出这段低潮期。

第五章 「最难打之战」来了——第一比赛日

不知不觉，我已在拉斯维加斯度过整整一个月了，WSOP 赛程也已步入后半程。在经历了一系列中低级别赛事的洗礼后，我迎来了被公认为 WSOP 中"最难打"的赛事——5000 美元买入的六人桌无限注德州扑克。

为什么这场赛事是公认的难打之战？

一是因为这是场六人桌赛事，对抗激烈程度比常规九人桌要高很多。德州扑克本质上是一种相互制约的游戏，当参与人数较多时，由于有人拿到大牌的概率相对较高，选手往往会收紧手牌范围以避免"撞钢板"。然而，在六人桌赛事中，由于每桌人数较少，拿到大牌的概率下降，此时放宽手牌范围便有利可图。此外，人数越少，洗盲的速度越快，选手们无法长时间"等牌"，被迫频繁参与底池争夺，这无疑提高了对翻牌前与翻牌后技术的要求。

二是因为进入了 5000 美元高额买入的赛事。在全球扑克比赛中，5000 美元是一个关键的分水岭。在这一参赛费水平，娱乐选手数量会大幅减少。毕竟，谁的钱都不是大风刮来的，实力不济的玩家不会频繁投入如此高的成本。然而，对于有一定实力的选手来说，5000 美元又是一个相对能够承受的价格，不像 25 000 美元以上级别的赛事，因报名费高昂，参赛人数较为有限。因此，这场赛事几乎吸引了全世界所有具有一定实力的选手参与，整体竞技水平自然水涨船高。

与首场 25 000 美元买入的六人桌不同，这场赛事的最终参赛人数高达 1200 人，规模扩大了数倍。对于扑克比赛来说，参赛人数的大幅度增长意味着比赛的波动性很大，客观上也增加了夺冠的难度。

因此，当我踏入赛场的时候，除了告诫自己打好每一手牌，不负扑克奥运会的历练，并没有对结果抱有过高的期望。然而，奇迹往往就是在看似不起眼的努力与运气的累积中悄然发生。

艰难的开局

WSOP 的比赛一般是正午 12 点开赛，而我习惯于跳过前面几个深码级别。开赛 4 小时后，我在第 5 级别 300/600 时入场。本场比赛的起始记分牌为 50 000，此时刚进入我的 100BB 以内的舒适区间。

我被分到一个还算不错的桌子，没有很难对付的顶尖大神，但观察下来也没有娱乐选手，基本上都是那种虽叫不出名字，但一看就是经过扎实训练的欧美职业选手。其中有一位名人，是 2009 年 WSOP 主赛的冠军乔·卡德（Joe Cada）。由于近些年他只参加在美国举行的比赛，也不在线上的高额玩家池内，因此我对他并不了解，但也不惧怕。

六人桌比赛上桌

经过几手盲注攻防战的短兵相接，我们迎来了第一个较大底池。

第 1 手牌

盲注：300/600[1]，记分牌：50 000。

手牌：4♠ 4♥

翻牌前：LJ 位置乔·卡德开池 1300，我在 CO 位置平跟，大盲位置欧洲职业选手 3bet 挤压到 6800，LJ 位

---

[1] 对于大盲前注的比赛结构，为简单起见，未标记前注，仅标记小盲/大盲，下同。

置选手弃牌后到我做决定。由于这时有效码量还比较深，我选择跟注，用这个小对子来抵抗。

翻牌：9♠ 8♥ 2♣

底池：15 800

对手持续下注 5400。翻牌前对手 3bet 范围中有大量的两高同花，牌面无高张的情况下，我的 4♠4♥ 有很大概率领先，于是跟注。

转牌：6♣

底池：26 600

牌面继续发出对我范围有利的中低张，而此时对手选择过牌。这时如果对手相对均衡，会把部分超对放在过牌范围，但两高张的概率也很大。我的对子越小，越需要下注保护，不给对手免费看牌的机会。于是我下注 7800，约 30% 底池，后手还剩下 3 万左右。结果没想到对手思考一会儿后全下，打我后手。这下撞到钢板了。当然，对手范围里也有可能有 A♣10♣ 这类两高后门花路上的牌，但我这手 4♠4♥ 的权益仍然不足以跟注，只能含泪弃牌。

这手牌我损失了 40% 的记分牌，可谓出师不利。不过还好盲注级别不高，我仍然有 50BB 的码量。然而，接下来等待我的又是漫长的"坐牢"。下一个级别

400/800，我只在大盲位防守过 1 手，其他时候只能默默弃牌，眼睁睁看着其他人表演。这样的情形在之前的比赛里已经司空见惯了，我的心态也很平和。直到再次涨盲，我又迎来一把关键牌。

第 2 手牌

盲注：500/1000，记分牌：25 000。

手牌：10♠ 5♠

翻牌前：LJ 位置欧洲职业选手开池 2200，我在大盲位只有 25BB 了，只要拿到同花牌都要跟注抵抗。

翻牌：J♠ 9♠ 4♦

底池：5900

我过牌以后，对手持续下注 2000。我拿到同花听牌，但听中张花，也无高张或抽顺，没有强到可以跟对手加注打光，于是跟注。

转牌：K♥

底池：9900

我继续过牌，此时对手又下了一个较大尺度的 7000。由于 K 高牌对对手范围非常有利，他几乎可以全范围下注来对我持续施压。而我现在除了听同花，还增加了卡顺 10 的出路（Outs）[1]，在后手不多的情况下，只能选择全下剩下的 21 000，希望打走对手那些没击中的高张或 88 以下的中小对子。即使真的遇到对手有好牌，我也还有不错的胜率。

结果是好的，对手秒弃。我兵不血刃地拿下这个看似不大但对短码非常关键的底池，记分牌重新回到 37 000 以上，接近 40BB 的安全区间。过了一圈又到我在大盲位的时候，我遇到一把戏剧性的牌。

第 3 手牌

盲注：500/1000，记分牌：36 000。

手牌：J♠ 10♥

翻牌前：又是 LJ 位置的欧洲职业选手开池 2200，结果 CO 位、庄位、小盲位选手都跟进来，我在大盲位拿到这种牌自然也跟注了。

翻牌：K♥ K♦ 9♠

底池：12 000

多人底池很容易有人击中 K，我过牌以后大家都非常谨慎地过牌。

转牌：10♦

---

[1] Outs，出路（或出口），指可以让落后一方反败为胜的追牌。

底池：12 000

牌面越发潮湿，我过牌以后，LJ位选手下注4000，其他人弃牌。这时我中对听卡顺，但仍然非常危险，如果有其他人跟注，我甚至要考虑直接弃牌。而只面对一个对手，我的手牌权益足以跟注抵抗。

河牌：K♣

底池：20 000

牌面第三张K的出现，让对手有K♠中四条的概率大大降低。同时我形成葫芦，还反超了转牌时对手可能的QJ顺子。但此时我如果下注仍然没有意义，得不到更差的牌的跟注，于是过牌。结果对手非常不甘心地敲了敲桌子（示意过牌）。我亮牌后，他秀出9♥9♣。对手翻牌击中天葫芦埋伏，没想到河底成了最小的葫芦。我非常幸运地收下这个底池后，记分牌重新回到初始码量5万以上。

没多久盲注来到了第8级别，而我的回升势头还在继续。

第4手牌

盲注：600/1200，记分牌：51 000。

手牌：A♣10♠

翻牌前：我在CO位置开池2500，庄位和大盲位的职业选手都跟注，三人争底池。

翻牌：10♣ 6♥ 4♣

底池：9300

我击中了顶对顶踢，还有后门坚果（Nuts）①花听牌。大盲位选手过牌以后，我持续下注4500，接近半池。庄位选手弃牌，大盲位选手想了想跟注。

转牌：K♣

底池：18 300

我的对10被盖了帽，同时牌面出现第三张草花，而我手里有A♣。大盲位选手过牌以后，我思考片刻后决定继续下注10 500。

会撞到大盲位选手的同花吗？的确，大盲位选手在翻牌的跟注可能是买花，但我手里的A♣阻挡了对手所有的A花。如果对手是8♣9♣/7♣9♣/7♣8♣/3♣5♣等花顺双抽的组合，很有可能翻牌会加注而不是只跟注。那么剩下的只有一些Q♣X♣/J♣X♣的草花组合，并不多。即使对手真的是花，我还有A花可追。

大盲位选手有比我小的牌会支付吗？由于K高牌对我的范围有利，大家又都是熟知均衡策略的玩家，他很

---

① 扑克术语，"坚果"，最大牌型的意思。

有可能认为我会继续利用这张 K♣ 来诈唬。他如果击中一对 10，甚至击中一对 6，都会考虑继续跟注抵抗，我可以拿到他这部分成牌的价值。如果对手是 89/78 带一张草花的卡顺听牌，我也不能过牌让他免费实现权益。

他没想多久就继续跟注。

河牌：9♥

底池：39 300

对手继续过牌，后手剩下 3 万出头，SPR（筹码底池比）① 已经小于 1：1。此时我继续下注的价值取向已经不多，而对手仍然可能有小概率的 K10/K6 两对或同花在埋伏，等待我继续诈唬。因此我选择过牌摊牌。

对手秀牌：Q♣ 10♥

我和他都有一对 10，但我踢脚胜过他，收下底池。对手的牌在转牌击中了对子且有后门 Q 花听牌，确实不得不跟注，甚至河牌如果我继续全下，他也可能因为有一张 Q♣ 阻挡牌而来抓我。但是扑克最忌讳的就是这种摊牌以后的马后炮，我们永远只能利用当时的信息来作出决策，而非事后出了结果再来倒推。这手牌以后，我的记分牌增长到近 7 万，逐步接近平均码量。

---

① Stack to Pot Ratio，用于衡量有效筹码相对于底池的大小。

然而接下来的几把牌,我的牌运又陷入了赢小输大的节奏。先是一手很好的 J♦10♦,我在庄位开池抵抗大盲位选手的 3bet,在翻牌有后门花的牌面抵抗一枪,转牌发出完全无关牌又被打掉。接着一手 J♣9♣,我在大盲位防守,在 K♣Q♥7♥ 的牌面上,卡顺后门花抵抗一枪,转牌 J♥ 前门花到,又被对手一个重注锤飞。就这样,当比赛来到第一比赛日的最后一个级别时,我又沦为一个 25BB 的短码选手。

雪上加霜的是,我换桌到了一个大神所在的桌,前 GPI 排名[①]世界第一的美国选手福克斯(Alex Foxen)正和几个一线顶尖职业选手谈笑风生。要想在他们中重新把码量打上去可不是件容易的事情,而且,我的起手牌一如既往地不给力,在大盲位防守成了我为数不多的入池机会。

第 5 手牌

盲注:1000/2000,记分牌:48 000。

手牌:10♠ 8♠

翻牌前:LJ 位置职业玩家开池 4000,小盲位置福克斯平跟,我在大盲位置拿到不错的同花连张,自然跟注。

---

① GPI,Global Poker Index 网站,定期公布全球现场扑克锦标赛的选手排名,是业内公认的权威榜单。

翻牌：[A♠ 7♠ 6♦]

底池：14 000

我击中同花加卡顺强听牌，但牌面有 A 高牌。我过牌后，LJ 位选手持续下注 7000，福克斯冷跟。这时我显然不能弃牌，但选择跟注还是加注让我陷入沉思。

首先，对手的下注尺度偏大，而且有一家跟注，如果我再跟注，底池将达到 35 000，几乎与我后手持平。如果转牌没听中，很有可能面临对手打我后手而我跟不动的情况，无法实现手牌权益。而如果此时我选择全下，即使被对手的成牌跟注，大概率会有 12 张出路，胜率接近五五开。当然不利的是，想让两家都弃牌的概率很低，大概率有一家会用 AX 以上的牌来接我。除非恰巧 LJ 位选手的持续下注是在诈唬，而福克斯是一对 8 以下的牌，这时我的全下才有望直接收池。

最后我还是选择拼一拼，选择了全下。LJ 位选手迅速弃牌，但遗憾的是小盲位福克斯秒跟，并秀出了他的牌。

福克斯：[7♥ 7♦]

这是我最不愿意看到的一手成牌，因为对手的暗三条有转牌成葫芦让我听死牌的可能。此时我大概只有 1/3 的胜率，但我的心情仍然很平静，因为既然已经作出了决定，剩下的就交给命运了，我能做的只能是坦然接受任何结果。

转牌：9♥

很幸运，我在转牌击中顺子，胜率反超对手。但此时福克斯仍然有 10 张出口（20% 胜率），河牌出任何公对他都能击中葫芦以上牌型，再度反败为胜。

河牌：3♦

一张安全的河牌让我死里逃生。赢下这一手惊心动魄的全下底池以后，我的记分牌第一次超过 10 万大关。

但接下来的牌局争夺依然艰难。我先是在一手大小盲争夺战中，用 K 高牌抵抗一枪后，河底被福克斯重锤打走。后又用 A♥J♥ 开池，在五张牌没击中的面，被后位职业选手用 5♠5♣ 小对子摊牌击败。虽然丢掉的都不是什么大底池，但逆水行舟，不进则退，好不容易翻倍的码量就这样一点一滴地被洗了下去。

第一比赛日结束之时，我以记分牌 79 000 装袋，低于 12 万的均码不少。当然，此时整场比赛也已经淘汰了一半多的玩家。能晋级毕竟是好的，下一个比赛日我仍然有 30BB 以上码量，足以向奖励圈发起冲击。

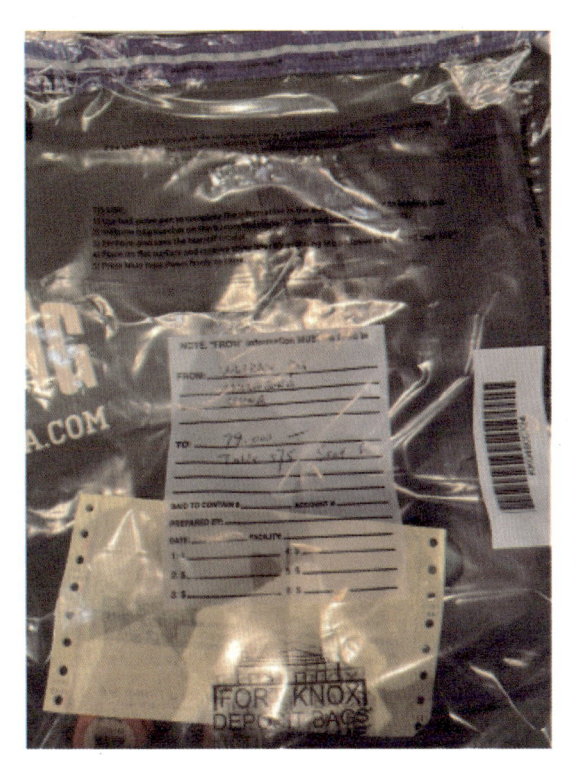

第一比赛日的晋级,记分牌装袋

第五章 『最难打之战』来了——第一比赛日

# 第六章
耐心！再耐心！入围奖励圈——第二比赛日

WSOP 晋级比赛通常在正午 12 点开始。如果去餐厅用餐，往往需要排很长的队，这无疑是拉斯维加斯的一大不便。此时，住处拥有厨房的优势便显现出来。煎个鸡蛋，配上午餐肉，烤片吐司，倒杯牛奶，或者在实在没辙时煮碗辛拉面，一顿简便的早午餐就完成了。人们常说环境塑造人，在吃腻了各种美式快餐和中餐外卖后，我也在被逼无奈之下自学成才。甚至到最后，我还学会了将方便面升级为加蛋加肠的豪华炒面。这对于从不下厨的我来说，实属不易。

算好时间出发，我在开赛前 20 分钟到达了赛场。WSOP 赛场太大了，不仅有两个赛区，还按颜色分成红、黄、蓝、绿等区域，以区别不同的赛事。如果不提前查好自己的桌号以及所在位置，临近开赛时很容易变成一只无头苍蝇在赛场里乱窜。即便匆匆找到座位，还要完成身份核对、拆袋、清点记分牌等一系列动作，很难不

人山人海的赛场

影响比赛状态。所以,"细节决定成败",这些都是专业运动员应当尽量避免的情况。

第二比赛日开赛之时才是本场比赛截止报名之时,最终参赛人数定格为1199人。主办方也随即公布了奖励圈和奖金结构,前180名进圈,冠军将获得93万美元巨额奖金。而此时场上剩余人数还有500人左右,我作为一个30BB的中短码选手,还得一步一个脚印,耐心等待机会。

上桌后首个级别我的运势还不错,至少拿到了能够开池抢盲的牌。分桌情况也还好,桌上没有一位认识的一线职业玩家,甚至有一两位选手还偏娱乐型。因此我抓住机会赢下了一些小底池,记分牌从8万打到10万。

第二天的比赛已进入中短码阶段,选手淘汰速度较前一天快了很多。六人桌的比赛被随机拆桌、分桌的频率也很高。很快我被拆到一个新桌,下家赫然坐着大深码俄罗斯顶级职业选手菲拉托夫(Anatoly Filatov),也是我线上的老对手,牌风以凶悍激进而著称。处于不利位置且记分牌被压制,我不得不收紧范围,小心应对。

在不知不觉中,全场剩余人数只有280人了,涨盲以后我的码量变化不大,但我跟菲拉托夫的碰撞还是不期而遇了。

第 6 手牌

盲注：2k/4k[①]，记分牌：90k

手牌：

翻牌前：全部弃牌到处于小盲位的我，20BB 出头拿到 A 小同花这类牌，在大小盲之战已经足够大了。如果是比赛前期，均衡策略标准是溜入 – 跟注（Limp-Call）（先跟注，如果对手加注则再次平跟）。而此时已临近奖励圈，处于泡沫期初期，考虑 ICM 因素，我不太希望在翻牌后处于不利位置与深码选手纠缠，倾向于将战斗结束在翻牌前，因此我准备溜入 – 全下（Limp-All In）（先跟注，如果对手加注则反推全下）。

在实战中，当我跟注后，菲拉托夫果然拿出记分牌加注到 12k，标准的 3 倍隔离注。此时我果断地全下。没想到他也没有丝毫犹豫，立刻扔出一枚记分牌（表示跟注）。就当我以为撞到钢板的时候，他秀出了：

这几乎是全下被秒跟这种局面下对我而言最好的一手牌，不但领先而且花色压制。当然对手这个组合面对小盲位的我的平跟，加注 – 跟注（Raise-Call）（先加注，面对全下再跟注）也是非常标准的动作。

---

① 引入计数词头"k"，1k=1000，以方便阅读。

"It's a cooler（真是冤家牌）." 我俩都笑了起来。这是一个胜率六四开、我略微占优的跑马。对于这种司空见惯的局面，优秀的牌手心里都不会去纠结牌面会发出什么，只是静静等待任何可能的结果。赢则坦然受之，输了出局也会轻轻敲桌示意"Nice hand（好牌）"，不带走一片云彩。

而这一次牌神觉得淘汰我可能还为时尚早，公共牌我们谁也没有击中，我以 A 高牌赢下了这个关键的底池，记分牌翻倍到接近 20 万。

然而我下家的菲拉托夫依旧坐拥 40 万以上码量，对我的压制局面并没有改变。而我在接下来一个级别的手牌又变成秀场的垃圾牌，整整一个级别我只在后位拿到过一把 6♠6♥，而且在翻后有许多顶帽子的情况下被对手锤飞。看着记分牌一点一滴地流失，我唯一能告诫自己的还是——耐心！再耐心！不该出手时绝对不能因为任何局势变化而急躁、冒进。

当然，当机会来临之时，也不能因为害怕失败而怯懦。当场上只剩下 190 人，再淘汰 10 人即可进圈的时候，我再次被换到一个深码选手林立的桌子，一上桌就跟上家 CL 干起来了。

第 7 手牌

盲注：3k/6k，记分牌：110k

手牌：[Q♥][J♠]

翻牌前：全部弃牌到小盲位的本桌 CL，他坐拥近 100 万码量，加注 18k 抢我大盲。CL 在泡沫期面对短码，由于巨大的 ICM 压制，几乎会全范围施压。从均衡策略来看，很大一部分中等牌力的牌会直接全下，加注的牌反而会两极分化：要么是太大，引诱大盲位选手打光；要么是太小，推不了全下而希望以小代价抢盲。此时我的手牌大到足够抵抗那些垃圾牌，但反推回去只能找到更大的"钢板"。于是我跟注。

翻牌：[K♥][J♦][10♠]

底池：42k

我中对听两头顺。面对对手不到 1/5 底池的持续下注 8k，我轻松跟注。

转牌：[2♣]

底池：58k

一张完全的空气牌。此时对手并没有停枪的意思，继续下了 20k。这个赔率同样让我没有任何弃牌的理由，继续跟注。

河牌：[K♣]

底池：98k

这对我而言是一张好牌，它让对手范围里那些比我大的 KX 牌型的比例大大降低。思考片刻后，对手全下。这说明他的牌力除极少顶端范围外，很大比例是完全没有摊牌价值的纯空气牌，利用 ICM 压力打我弃牌率。我后手还剩下 64k，面对如此赔率，即使考虑泡沫期的风险溢价①，我这手牌也是必须要跟注的。从均衡策略的角度看，Q♥J♠ 也是我这条行牌线路到河底的顶端范围了。长期经历现代扑克思维逻辑的训练，这个跟注也算是一个比较轻松的决定。

对手亮牌：9♥ 5♠

一手意料之中的诈唬组合，翻牌前的绝对烂牌，翻牌后的卡顺听牌，河底破产后诈唬到底。对手打得也没有太大问题，最后的全下还是有弃牌率的，我范围里那些 QX 纯听两头顺没中对的组合，河底还真的跟不动。只是恰好这手牌撞到我的顶端范围而已。

这手牌让我的码量顺利翻倍以后，我进入奖励圈应该是比较轻松的了。意外的是，还没等这个级别结束，全场还没来得及同步发牌，有三位选手几乎同一时间被淘汰。所以当裁判清点完人数以后，直接宣布大家已进入 180 人奖励圈！印象中这几乎是我经历过的大赛里最

---

① 专业术语，指与底池赔率相比，选手因为面临比赛生存压力而需要的额外胜率。它是衡量特定阶段 ICM 压力的重要量化指标。

轻松的一次进圈。

要知道此时的盲注级别才是 3k/6k，大盲相当于初始码量的 1/8 还不到。而大赛进圈的正常阶段大多是在大盲达到初始码量 1/5 以后，换算到本场比赛应该是再过两个级别到 5k/10k。这么快的进圈速度充分说明这场比赛的激烈程度。当桌上玩家都志不在"苟圈"，不因为 ICM 压力而打得太保守，比赛的进程自然就会很快。

对于扑克比赛而言，进圈可以称为第二个"起跑线"。这是由比赛的游戏结构所决定的。进圈以前，无论记分牌有多少，大家都还没有获得奖励的资格。即便你是记分牌第二多的选手，如果进圈前一刻被 CL 淘汰，也只能目送一个 BB 的选手躺赢。因此随着奖励圈的临近，短码选手在泡沫破裂之前都只能小心翼翼。而一旦进圈，奖金随名次上升缓慢增加，出局早晚区别不大，短码选手便可以放开手脚大胆冲，等到临近决赛桌才会因为第二波较大的奖金跳跃而重新变得谨慎起来。

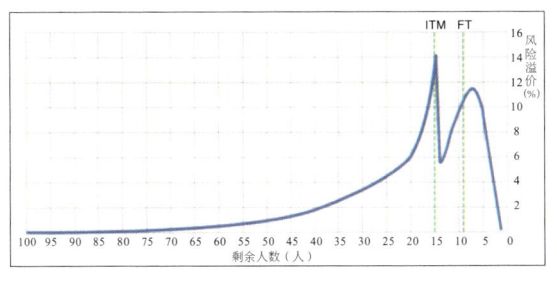

ITM—进入奖励圈　　FT—最后一桌
德州扑克比赛各阶段风险溢价示意

不过对于比赛好手来说，仅有上面的定性认识还不够。在比赛的任何阶段都应有相应的定量策略，细化到翻牌前范围的调整、翻牌后下注尺度的变化。因此，进圈对我而言只是比赛阶段的客观变化，我要做的仍然是——耐心！再耐心！既不因冲击好成绩而过度激进，也不因畏惧码量波动而畏手畏脚，应当始终专注于比赛进程，随桌面动态而调整策略，保持平常心去面对任何局面。

第 8 手牌

盲注级别：4k/8k，记分牌：210k

手牌：A♥ 5♠

翻牌前：LJ 位置的深码日本老板开池 17k，我在大盲位不到 30BB 拿到不同色的 AX 小踢脚，正常跟注防守。

翻牌：10♠ 3♦ 2♣

底池：46k

我过牌后，对手持续下注 25k——一个超过半池的较大尺度。我现在这个 A 高卡顺听牌比较适合用来过牌加注半诈唬[①]。同时考虑到对手偏向娱乐型，很可能会犯持续下注过多的错误，面对过牌加注会因牌力不足而抵抗

---

① Semi Bluff，通常指带有听牌的诈唬性下注或加注，在寻求弃牌率的同时，即使被跟注也有较多出路可追。

不够。思考片刻后，我加注 65k，后手还剩 13 万左右。我做好了如果对手跟注就在转牌继续全下的准备，希望打走比我大的高张甚至 10 以下的对子。然而迎接我的却是最差的情况，对手直接再加注全下。娱乐型选手的这条强势线路几乎很难有诈唬，我只能放弃，而对手也很友好地秀出一张 10。

这手牌后我再度沦为十几个 BB 的短码选手，而我继续耐心地寻找机会。涨盲后没过多久，我在 CO 位置拿到 K♦J♠，只剩下 11BB，果断全下，被大盲位选手的 A♥9♥ 接下。转牌一张 K♠，让我幸运地赢下这个四六开的跑马。而这次似乎牌神向我敞开了大门。紧接着一把 A♥Q♥ 翻牌前反推 20BB 被 7♣7♦ 接下，又在河牌幸运击中 Q♠，码量再次翻倍。再下一个级别，我在 CO 位置拿到 J♠J♦ 开池，被大盲位不到 20BB 的短码选手用 A♦4♥ 反推一脸，秒接以后，翻牌竟然直接发出我的四条 J！不知不觉间我的记分牌从最初的 10 万多小小一摞，变成接近 80 万深码一大堆。当然此后也有一把我在后位拿到 A♠8♠，跟注小盲位选手不到 20BB 全下，跑输 A♥10♣，损失 20 万，但马上又迎来一手关键牌。

第 9 手牌

盲注级别：6k/12k，记分牌：580k

手牌：　A♣ J♦

翻牌前：全部弃牌到小盲位的另一位日本选手，加注 38k。他的记分牌比我少，但也有 40 多万，近 40BB。我的 A♣J♦ 算是大小盲之战中的一手强牌，如果要加注跟对手打光，在目前大赛已进入最后 100 多人的阶段，还是稍显激进，因此选择跟注是更加稳妥的策略。

翻牌：A♥ J♣ A♦

底池：88k

我竟然再次击中坚果牌型，而且这是一个对翻牌前加注方较为有利的牌面，对手很可能利用范围优势持续进攻。果然对手下注 28k。我此时要做的就是默默跟注，尽情看他表演，切勿打草惊蛇。

转牌：8♠

底池：144k

牌面几乎没有改变。我默默祈祷对手要么也有三条 A，要么诈唬不要停。沉默片刻后，对手再次下注 112k，一个约 80% 底池的重注！我控制住内心的激动，假装思考一会儿后继续跟注，把网张到最大。

河牌：K♠

底池：368k

这张 K♠ 令牌面复杂化。虽然我的牌不再是绝对的坚果牌，但仍然期待对手能推出后手 20 多万的记分牌，毕竟还要赢他任意的 AX，甚至 JJ/88 的葫芦，以及一些随机诈唬。没让我等太久，对手喊出了"全下"，我迅速扔出一枚记分牌跟注。

日本选手：

原来是卡顺听牌诈唬到河底中了顺子，真是一手冤家牌。河牌这张 K♠ 应该让对手眼前一亮吧，没想到等待他的却是早已听死牌的结局。就这样，我的记分牌第一次超过了百万大关，达到均码量以上。

有码以后我的各种操作也更加得心应手，利用之前积攒的较好形象不断给对手施加压力，记分牌的滚雪球效应逐步显现出来。

第 10 手牌

盲注级别：10k/15k，记分牌：1.02M[①]

手牌：

翻牌前：LJ 位置欧洲职业选手开池 30k，他的码量大概接近 30 万，20BB 左右。我在小盲位拿到很好的两高同花结构牌，此时由于大盲位选手有 60 多万较深码量，我无法直接全下反抢前位，于是选择跟注。随后大盲位选手弃牌，我跟 LJ 位选手单挑。

---

① 计数词头，1M=1000k

翻牌：K♠ K♥ 5♦

底池：90k

我常规过牌，对手持续下注15k——1/6底池，一个很小的尺度。我此时选择加注到65k，开始进攻。从均衡策略来看，我翻牌前跟注范围里有不少KX组合可以作为价值加注，势必要搭配一些诈唬。而在这个非常干燥的牌面，J♦10♦这种摊牌价值不大的后门花顺组合就成为优选。而由于对手下注尺度小、后手码量不深，同时牌面又干燥，我的加注尺度也不需要太大。对手想了想，选择跟注。

转牌：Q♥

底池：220k

这张牌让我牌力增强到两头听顺，是非常好的继续诈唬的机会。对手后手也就不到一个底池，于是我推出了全下。这时他所有非对子的AX都很难继续打下去，甚至一些77/88的中等对子也很难受。站在对手视角，在这种干燥牌面一般人很难有什么诈唬，况且我之前的形象也很好，码都是靠实牌一点一滴打起来的。因此，相比均衡策略，他很可能会放弃抵抗。事实证明我成功了，对手想了很久以后，最后还是不甘心地把牌扔进了弃牌堆。

此后的比赛波澜不惊，我继续偷偷抢抢拿下了一些小底池，最后以 1.24M 的平均码量装袋，成功晋级，参加第三天的比赛。此时场上只剩下 48 名选手。前期短码阶段的耐心总算得到回报，让我得以在这场关键比赛中以 50BB 的健康码量继续大后期的战斗。

第二比赛日晋级，记分牌装袋

第七章
梦想的决赛桌近在眼前——第三比赛日

从一场千人大赛中脱颖而出，一路挺进最后 50 人之列，这样的机会其实并不多见，何况是在 WSOP 这个扑克奥运会中含金量最高的一场。这意味着接下来我的每一手牌都将至关重要，决定了我能否在扑克生涯中写下辉煌的篇章。而我的首要目标，便是能跻身那梦寐以求的决赛桌。

第三比赛日的开赛时间推迟到下午 1 点，我提前去了一家还不错的自助餐厅饱餐一顿，为可能的漫长对局储备能量。上桌后，我看到全场的 CL——巴西选手吉维列夫斯基（Vitor Dzivielevski）坐拥 3M 多码量坐在我对面，保加利亚著名选手丹切夫（Dimitar Danchev）坐在我上家。桌上另外还有两位美国的职业选手，水平都不低。好在我的好友、华人德扑之光托尼·林（Tony Lin）也在桌上。他那标志性的幽默和热情，为原本紧张的牌桌氛围带来了一丝轻松。

第三比赛日上桌

然而首个级别的进程却让我轻松不起来。

第 11 手牌

盲注级别：10k/25k，记分牌：1.2M

手牌：A♠ 3♠

翻牌前：HJ 位置桌上第二深码的美国职业选手开池 50k，我在大盲位 50BB 深度拿到 A 小同花牌，正常跟注。

翻牌：10♠ 6♠ 3♦

底池：135k

我击中了底对听坚果花，看起来赏心悦目。过牌后对手下注 80k——一个超过半池的较重注码。这时我没有加注的必要，跟注可以在后面出 A 高牌的情况下让对手可能的 AX 支付个大注。

转牌：7♥

底池：295k

牌面连接性增强，而我的牌力仍然只是底对。我过牌以后，对手继续下注 155k——半个底池。这时加注同样没有任何意义，打不走比自己大的牌，于是我继续跟注。

河牌：K♥

底池：605k

我的听坚果花破产，仍然只有底对。看到这张牌我知道底池已经不属于我了，既赢不了对手连开两枪的价值范围，也抓不动对手再度下注的诈唬。因为我手里有 A♠，从而阻挡了对手可能存在的买 A 花破产的诈唬组合。从均衡策略角度看，我的范围里有更好的牌去抓鸡。果然当我过牌后，对手继续重锤 40 万，我只能含泪弃牌。

过了一圈当我再次在大盲位之时，还是没有摆脱掉码之势。

第 12 手牌

盲注级别：10k/25k，记分牌：900k

手牌：K♣ 10♠

翻牌前：庄位 CL 吉维列夫斯基开池 65k——一个约 2.5 倍大盲的稍大加注。我有近 40BB，拿到中等强度手牌，标准的跟注抵抗。

翻牌：A♠ K♥ 5♦

底池：165k

我过牌后，对手在这个面几乎会选择全范围持续下注，果然他下了 40k。而我的中对 K 只有跟注这一个选项。

转牌：8♠

底池：245k

我继续过牌，而此时对手再次下注 150k——超过半池。长期的均衡策略训练让我深知，此时一对 K 顶着帽子抵抗两条街是必须的，因为对手很有可能利用牌面的 A♠ 继续诈唬手里的烂牌。于是我再次跟注。

河牌：[A♦]

底池：545k

我再次过牌，希望对手能摊牌。但是最不愿意看到的情况出现了，对手喊出了"全下"。我后手还有 65 万左右，面对这个超池全下，手里这个组合能去抓鸡吗？

此时对手范围里的牌型要么是三条 A 以上，要么就是纯空气诈唬。如何避免陷入对手"有 A、没 A"的猜猜乐局面呢？对手吉维列夫斯基是著名巴西大神尤里（Yuri Dzivielevski）的哥哥，出身职业牌手世家，显然具备很强的平衡能力。而我也只能用均衡策略来应对，决策的核心点在于划定自己的抵抗范围，也就是所谓的"挑牌"。当不清楚对手的倾向时，最好的方法就是通过解构自己的范围来作出决定。

在河牌之前，我跟注对手两条街大注的范围里，一对 K 几乎已经是底端，而我有足够多的 AX 去抵抗。即使要再挑一部分 KX 去抵抗，手里这张带 10♠ 踢脚的组合也不是太好，因为它阻挡了对手诈唬范围里可能存在的 J10 买顺破产、10♠X♠ 买后门花破产的组合。这时，跟注 K♣10♠ 甚至不如跟注 K♣2♣ 这种看似更弱，却没有阻挡对手诈唬范围的组合。

经过一番冷静思考后，我决定弃掉手中的牌。没想到上桌仅仅打了两手牌，我的记分牌就损失一半。而接下来的时间又变成熟悉的没牌"坐牢"，我开始有点不甘心了。

第 13 手牌

盲注级别：10k/25k，记分牌：650k

手牌：9♠ 7♥

翻牌前：全部弃牌到小盲位的我，我此时有 25BB，拿到一手较差的结构牌。而上桌以后打了三圈我还没有主动加注过，于是便想利用自己的形象抢一把，加注到 75k。然而大盲位跟我码量差不多的美国职业选手并没有让我如愿以偿，他稳稳跟注。

翻牌：Q♦ 10♠ 3♦

底池：175k

我完全错过了翻牌，但仍不甘心放弃这个第一次主动进攻的底池。我持续下注 55k，希望打走对手一些完全无关的牌。然而现实给了我当头一击，对手加注 170k。我已无力抵抗，只能装作纠结一会儿后，默默弃牌。

这手牌过后，我的记分牌掉到 50 万出头，涨盲后已不足 20BB。回想开局这三手牌，前两手还能算是没什么办法，但第三手就打得有点离谱了。翻牌前的开池就已经偏离基线，翻牌后用一手权益极低的牌想强行拿下底池，甚至都没有重视这个牌面与对手跟注范围的关系如此之强的现实！此时下注简直就是白送。这种侥幸心理其实是心态在不知不觉间变得急躁的一种表现。我必须尽快平复下来，回归平常心。

不久我上家的保加利亚选手短码被淘汰，补位的是第二比赛日曾与我同桌的日本老板。而他出局的一把牌，也充分警醒了我比赛后期的失误是多么的致命。

当时他坐拥 3M 多，全场第二深码，只比 CL 的吉维列夫斯基少一点点，也有 100 多 BB。而这手牌他在 LJ 位置开池，小盲位吉维列夫斯基平跟，大盲位托尼短码全下 33 万，10BB 出头。此时日本老板为了再加注隔离吉维列夫斯基，竟然随意地推出两摞大额记分牌。而让人没想到的是，吉维列夫斯基竟宣布全下！这下日本老板才发现自己已经推出去的记分牌有 2M 之多，虽明知被 CL 埋伏，但后手剩下的 1M 也已经套池了，只能无奈地跟注全下。

秀牌：吉维列夫斯基是 Q♠Q♥，Tony 是 3♥3♣，而日本老板是 7♠7♣。公共牌是 4♣4♥3♠K♣8♥，没有意外，日本老板出局。就因为一个随意的加注，竟瞬间葬送了第二深码的大好局面，止步于 30 多名。这就是锦标赛的现实，低级的错误最终会让不够专业的选手离开竞争激烈的舞台。

我需要重新沉下心来等待机会。

第 14 手牌

盲注级别：15k/30k，记分牌：500k

手牌：K♥ Q♦

翻牌前：LJ 位置的美国职业选手中等码量开池 60k。我在大盲位，不足 20BB，看到这手终于可以抵抗的牌，稳稳跟注。

翻牌：Q♥ 3♠ 5♦

底池：165k

在这个码量深度中了顶对大踢脚，我的子弹已经自动上膛。过牌以后，对手持续下注 100k——一个较大的尺度。我后手还有 40 多万，加注已经没有空间，于是直接全下，而对手也几乎是秒跟。

对手：K♠ 8♠

原来是同花听牌，而我还踩着对手一张 K 边牌。对手此时还是有 35% 左右的胜率的。我需要避开 9 张黑桃才能生存，否则只能告别这场扑克奥运会的关键战役。

转牌：A♦

河牌：5♦

牌神把我留在了赛场。这手牌让我码量翻倍，也让我的心态重归平静。毕竟场上还有 30 人左右，要挺进最后 6 强还有很长的路要走。

在接下来的 20k/40k 的级别，我总算在翻牌前拿到一些可以开池的牌，翻牌后也能通过持续下注拿下一些小底池，记分牌也稳定在 1.5M 左右。而随着均码变短，场上选手被淘汰的速度进一步加快。比赛来到下一个级别还剩 20 人时，我被换到一个新桌，刚上桌就迎来一次关键碰撞。

第 15 手牌

盲注级别：25k/50k，记分牌：1.5M

手牌：Q♦ 10♦

翻牌前：我在庄位，拥有 30BB，拿到一手漂亮的高张结构同花，正常开池 100k，大盲位一位眼熟但叫不出名字的欧洲职业选手 3bet 到 350k——一个标准的 3.5 倍加注。此时他坐拥 3M 以上深码，又是足够均衡的高手，即使考虑 ICM 被压制的因素，只要他 3bet 范围有诈唬，我就必须抵抗这手牌。思考片刻后，我选择跟注。

翻牌：Q♥ 10♠ 7♥

底池：775k

在这个关键时刻我难得地击中了顶两对！此刻的我需要祈祷对手有点东西，好让我的码量翻倍。对手持续下注 175k——1/4 底池。这时他仍然可能有一些 AX/KX 杂色的完全烂牌想通过持续下注收池。我不希望打走他，于是跟注，看他在转牌圈继续表演。

转牌：3♠

底池：1.1M

这张牌没有改变牌面，而我后手只有不到 1M。此时我最担心对手过牌放弃，而没多久我就听到了那声最悦耳的"全下"，我用最快速度扔出一枚记分牌跟注。

对手：A♠J♠

这是一手对上我顶两对仍有 12 张出路的强听牌，对手的行动线路也非常标准，一手关键的全下，而我的心情却越发平静，无论是能顶住还是被河杀，我都已经做好了自己该做的事。

河牌：2♣

牌神再一次眷顾我，让我的记分牌首次达到了 3M，60BB 均码以上。此后我又在大盲位用 A♣6♥ 反推短码庄位选手，幸运地把保加利亚知名选手科列夫（Yuliyan Kolev）的 A♥10♦ 淘汰，我似乎第一次看到挺进决赛桌的希望。

很快比赛进行到最后 18 人。重新分桌后，我的上家来了巴西顶尖大神加拉尼亚尼（Pedro Garagnani）。他也是我的线上老对手了，牌风犀利而狡黠。一段时间的沉寂以后，我的码量回到 3M 出头，盲注级别也再次升级。

第 16 手牌

盲注级别：40k/80k，记分牌：3.2M

手牌：9♥ 9♣

翻牌前：CO 位置 3M 码量的加拉尼亚尼开池 200k，我在庄位拿到这手中等对子，比较舒服地平跟。大盲位的深码美国选手也跟进来，三人争抢底池。

翻牌：8♥ 4♠ 2♠

底池：720k

中低牌的买花面，两个对手都过牌。此时我必须保护 99 这个脆弱的小超对，于是下注 300k。没想到大盲位选手竟然过牌加注到 1.1M——一个很大的尺度。更没想到的是 CO 位置的加拉尼亚尼想了一会儿后直接推出后手近 3M！在这种后期阶段面临两个对手如此激进的动作，我的小超对很可能已经落后了，我只能含泪弃牌。果然，大盲位选手深码秒跟。

加拉尼亚尼： K♠ 8♠

大盲位选手： 6♠ 5♠

一家中顶对买花，另一家两头顺抽花，都是极强的牌型。河牌的 7♠ 让加拉尼亚尼击中了更大的同花，码量翻倍到近 7M 的深码。

加拉尼亚尼有码以后各种花活就秀起来了。过了一圈，又到了 CO 位置的加拉尼亚尼，他竟然开池 255k——3.2BB。这是一个巴西选手在比赛后期经常使用的超常规尺度，通常会让后面的选手不知所措。而这局我在庄位拿到 A♥10♣，有 30BB 出头的码量。这是一手很适合在有 ICM 压力下做 3bet 诈唬反抢的牌，何况对手开池尺度又大，更不倾向于平跟。于是我点了点记分牌，果断拿出 650k 扔了出去。面对我一个形象较好的中短码的反击，加拉尼亚尼几乎没怎么想就弃牌了。

又过了一圈，在同样的位置，我似乎跟他杠上了，又遇到一手可以交战的手牌。

第 17 手牌

盲注级别：40k/80k，记分牌：2.8M

手牌： A♠ J♦

翻牌前：CO 位置的加拉尼亚尼开池 160k。面对他这次的正常下注尺度，我这手 A♠J♦ 比上一手 A♥10♣ 又大一级,选择跟注更加适合。大盲位置的美国选手也跟,三人争抢底池。

翻牌:10♦ 3♦ 2♥

底池:600k

大盲位选手过牌后,加拉尼亚尼持续下注200k。从均衡策略来看,他在这个牌面理应高频过牌,而此时的下注存疑,我的A♠J♦有可能领先。而且我还有一张J♦的后门花听牌,更不能弃牌,于是跟注抵抗。随后大盲位选手弃牌,剩我和加拉尼亚尼单挑。

转牌:K♥

底池:1M

牌面形成两门同花听牌,此时加拉尼亚尼没有停枪,继续下注600k——半池以上。应该说转牌的K♥还是有可能帮到他翻牌诈唬范围里一些KX的,也没有出我后门花的方片,这使得我的手牌变得边缘。考虑到此时ICM压力下的风险溢价,我只能选择弃牌。

晚餐休息结束后不久,场上只剩下最后12名选手,再次重新分桌。离决赛桌越来越近了,大家的争夺更加白热化。我此刻的20多BB虽然是短码,但还是要沉下心来做好每一个决定,少去想结果。

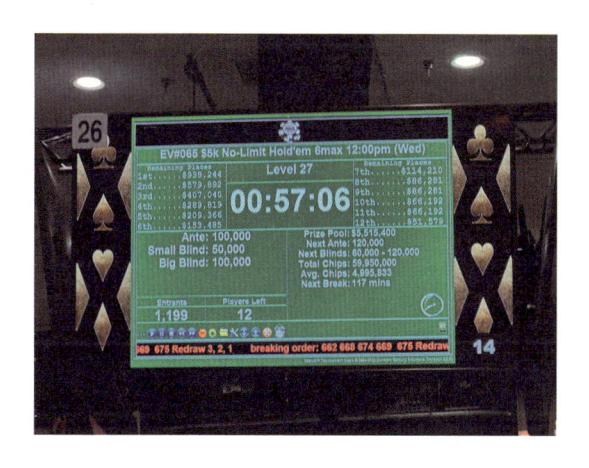

最后 12 人

第 18 手牌

盲注级别：50k/100k，记分牌：2.1M

手牌：J♦ 9♦

翻牌前：CO 位置的中国香港著名牌手丹尼·唐（Danny Tang）开池 200k，他的码量是 2.7M，跟我一样是短码。我在大盲位拿到这手很好的同花连张，跟注防守。

翻牌：4♠ 3♦ 2♣

底池：550k

这是一个对大盲位置的我整体范围有利的牌面。我过牌后，对手并没有持续进攻，也选择过牌。

转牌：7♦

底池：550k

牌面继续发出对我的范围有利的牌。我此时开始听后门花，但 J 高牌并不足以摊牌。对手翻牌时的过牌说明他有超对的概率下降，因此我决定利用范围优势进行诈唬。思考片刻后我下注 150k，对手想了想，跟注。

河牌：3♠

底池：850k

很好，仍然是属于我范围的小牌。此时从对手视角看，我可能有三条 3 甚至带 3 的两对河底成葫芦，也可能有 56/A5 的天顺等大牌，同时我的范围里仍然有很多 5X、6X、两方片后门花的听牌破产组合。因此我决定下一个 900k 的超池，极化自己的范围，给对手所有非对子的组合最大的压力。庆幸的是，对手纠结一会儿后选择弃牌。我在自己记分牌岌岌可危之际依然坚决诈唬获得了回报。

正当我感觉状态越来越好的时候，殊不知还有挫折在前方等待着我。

第 19 手牌

盲注级别：50k/100k，记分牌：2.4M

手牌：8♠ 7♥

翻牌前：全部弃牌到小盲位的我，我的码量不到25BB，拿到一手还不错的杂色结构牌。大盲位是全场唯一剩下的女选手，她刚刚用 K♠K♥ 清掉一家 A♦K♣，成为 10M 以上的深码选手。我这时小心选择平跟，她想了想也过牌了。

翻牌：J♦ 8♥ 3♠

底池：300k

我击中了中对，在位置不好且码量被压制的情况下，选择过牌控池。对手下注 100k，我跟注。

转牌：5♠

底池：500k

我继续过牌，对手选择继续下注 200k。面对这个尺度，以及一个陌生的对手，除非假设她完全没有诈唬，否则肯定还是只能跟注，再抵抗一条街。

河牌：7♦

底池：900k

我河牌击中了两对，过牌给对手，让她继续表演。对手想了想，下注 600k。我后手还有 2M，如果要加注只能全下，而我不确定她如果只是顶对 J 会不会支付。最后我还是选择稳稳跟注，没想到对手秀出：

J♠ 8♣

居然是比我更大的两对！这手大小盲位的河底冤家牌，最终让我损失了近一半的码量。雪上加霜的是很快又涨盲了，我再次陷入 10BB 出头的短码，随时准备接受命运的考验。而在经历了这么多的波折后，我此时的心态比第三比赛日开赛时平和了很多。因为仅就专注于决策而言，10BB 应该是最简单的局面，我要做的仅仅是确保自己不要犯错。

确实，接下来几圈牌我是连想犯错的机会都没有。2♥9♠、3♣8♥ 之类底端范围轮着来，等到我在大盲位的时候又遇到有人开池、有人加注的局面，完全加入不了战斗。而我知道除了继续耐心等待，别无他法。

第 20 手牌

盲注级别：60k/120k，记分牌：780k

手牌：A♥ 5♦

翻牌前：庄位中等码量的美国选手开池 240k。我在小盲位只有 6.5BB，看到一张 A♥，果断全下。大盲位选手弃牌后，庄位选手任意牌都会跟注。

对手：A♦ 4♣

虽然我的踢脚大一点，但这其实是两手很容易平分的手牌，大概率需要击中各自的踢脚才能获胜。看到对手摊牌，我轻松笑笑："Chop chop(平分吧）."

翻牌：K♥ J♠ 7♦

翻牌的高张进一步加大了平分的可能。

转牌：4♦

竟然击中了对手的踢脚！难道我将止步于此了吗？

河牌：5♥

命不该绝！瞧这过山车坐的，戏剧性的一手跑马，最终把我从死亡线上再次拉了回来。不过我内心还是非常淡定的，就算出局又怎么样呢？抛硬币这种事始终不是自己可以把握的，现在对我而言还是要专注于用好最后这10多个BB。

此时场上只剩下10名选手，分别在两个五人桌。轮大盲位的速度更快了，这也意味着底池争夺会更加激烈。一圈以后，我再次轮到小盲位，拿到一手Q♥10♥。对于手握10个BB出头的大小盲之战，除了全下我没有第二个选择。而此时大盲位的女选手记分牌已有15M之多，面对我1/10于她的全下码量，她开始陷入思考。该不会是很差的KX杂色吧？我心想。她想得越久，我就越可能落后这类牌型了。最后她还是选择跟注，并亮牌4♠4♣。居然是一手跑马！对大盲位选手来说这完全是一手秒跟的牌！她的长时间思考暴露了她的保守，特别是结合她之前用 K♠K♥ 成功跑赢 A♦K♣ 后，立即激动地与亲友团拥抱的情景，很可能说明这场比赛对她而言"结果"已远大于"过程"，这会导致她因为害怕记分牌的波动而偏向保守。这也成为后面比赛中我选择重点进攻她的主要依据。

决定命运的跑马又来了，而此刻我的情绪真的没有什么波动。这让我想起五年前在澳门扑克王锦标赛主赛决赛桌上的状态：只专注于作出正确的决定，完全超脱于那些不受自己控制的结果。这无疑是一种好的比赛状态。翻牌 A♠10♣2♥5♠K♠，我翻牌击中 10，再次赢得事关生死的五五开跑马。这下我的码量又回到 3M，25 个 BB 以上，不再是只有全下的选择了。

没多久，我在大盲位置再次迎来一把生死攸关的牌，不过这次不再是跑马。

第 21 手牌

盲注级别：60k/120k，记分牌：3.4M

手牌：8♦5♦

翻牌前：CO 位置曾经的 CL 吉维列夫斯基开池 250k，此时他的记分牌已经从 10M 多逐步下降到只有 7M。我在大盲位看到这一手弱的结构同花连张，仍然跟注抵抗。

翻牌：A♦ 7♦ 2♣

底池：680k

我拿到同花听牌，而翻牌A高牌面于对手有利。吉维列夫斯基继续下注175k——1/4底池。我选择默默跟注。

转牌：7♥

底池：1.03M

这个中张叠牌让我眼前一亮。在均衡策略中，这是我可以转守为攻的信号。因为我范围里的7X要比对手多太多，很多诈唬都可以搭配着三条7在转牌下注，给对手施压。于是我思考片刻后，选择反主动下注350k。而对手显得有些纠结，最后还是选择跟注。

河牌：4♣

底池：1.73M

我听花破产，现在只有8高牌，我在思考要不要继续诈唬。第一，从均衡策略来看，应当挑范围里最差部分作为诈唬去搭配价值，从而使自己的下注更加平衡，而现在这个组合显然是优选；第二，对手在转牌时的纠结表明他不一定有一对A，整体范围偏弱，可以适当增加攻击频率；第三，我此前还没有任何一手牌秀出过诈唬，整体动作频率也不高，牌桌形象较好，特别是到了比赛关键阶段，对手很可能认为我诈唬不足；第四，对手的码量从深码掉到中等码,在即将进入决赛桌的时候,有可能心态上偏保守,抓鸡意愿降低。

这样看来诈唬是很有必要的,剩下的是尺度的选择问题。此时我后手还有 2.8M,底池 1.7M,如果打一个满池,被抓了也只剩下 1M,几个 BB。而如果超池全下,则可以把剩余的码量转化为最大的压力给到对手。毕竟对于他后手 6M 码量来说,用 1.7M 的代价去抓鸡还是用 2.8M 去抓,其差距存在一个边际压力递增的效果。

经过深思熟虑,我选择了后者——全下。这一决断不仅基于策略分析,更是对自我勇气的考验。在距离梦想仅一步之遥的地方,我愿意冒着出局的风险,坚定地执行这一看似疯狂的决策。因为在我看来,无论理论是否精准,理解是否透彻,重要的是在关键时刻践行知行合一。即便最终被对手抓鸡淘汰,也远胜过因懦弱而错过挑战的机会。这,便是竞技扑克对我而言的独特魅力。

随后,我坚定地对发牌员说出了"全下"。那一刻,我如释重负,仿佛卸下了心头重担。而对手则陷入长久的思考。此刻不紧张是不可能的,但我不抗拒,反而欣然接受这份压力所带来的肾上腺素的激增,这也是这个游戏令人着迷的一部分。我一动不动地坐着,目光锁定桌面,调控呼吸保持镇定,确保不露出丝毫破绽。我记得这手牌吉维列夫斯基至少想了五分钟,一时间成为场上媒体和观众的焦点。直到桌上其他选手要求"倒计时"

（Call Time）[1]，最后一秒他才不甘心地弃牌。我则不动声色地整理好得来不易的记分牌，冷静地迎接下一局的挑战。

后面的比赛我明显感到心态更加放松、思路更加清晰了。尽管还是短码，但我对挺进决赛桌的信心却更足了。涨盲后，我先是在小盲位面对庄位的开池，用 Q♠J♠ 很标准地反推 25BB 成功收池，后又接连在大小盲的战斗中获胜。这一次牌神似乎放弃了对我的折磨，连续两个级别我的记分牌稳步增长的趋势没有再改变。当比赛只剩八人时，我已经成为本桌深码选手之一。

第 22 手牌

盲注级别：100k/200k，记分牌：7.5M

手牌：A♠ 6♥

翻牌前：弃牌到庄位的我，我拿到 AX 牌型，面对不足 10BB 的全场最短码的大盲位选手，决定加注大一些，避免他一些很差的牌跟注，看翻牌后实现权益。于是我开池 525k——2.6BB，他稍作思考后跟注。

翻牌：A♦ 7♣ 4♣

---

[1] 比赛专用术语。当有选手思考时间过长，桌上其他选手可以向裁判员申请强制倒计时，一般为 30 秒。倒计时结束，如该选手仍无动作，则按弃牌处理。

底池：1.35M

这个时候击中 A，想的自然是如何打光。对手过牌后，我下注 200k——1BB，希望对手用任何与牌面有关的组合跟注。果然对手跟了。

转牌：A♣

底池：1.75M

又一张 A♣ 的出现让对手更不相信我有三条 A，而他后手只剩下不到 1M。于是当他再次过牌后，我直接全下。如果他有一对 7 或者一对 4，肯定不扔掉。结果他几乎秒跟。

大盲位选手：8♥ 7♦

对手已经听死牌，河牌无关紧要了。我淘汰了第八名，所有选手合并到最后一桌。当日比赛还需淘汰一位选手，就将决出最后的六人决赛桌。我仿佛看见梦想之门正在向我招手。

此时我的码量已经接近 10M，排名全场第三，桌上有两位选手都只有 13BB，并列最短。现在其他选手都在静待他俩被淘汰，而我则要继续专注于利用这些选手的心态变化调整策略，扩大记分牌优势。

第 23 手牌

盲注级别：100k/200k，记分牌：10.2M

手牌：J♦ 8♦

翻牌前：HJ位置的场上第二深码女选手开池400k，我在大盲位，有50BB，拿到这手同花连张，正常跟注防守。

翻牌：Q♥ 10♦ 5♦

底池：1.1M

我击中抽花加卡顺强听牌。过牌后，女选手持续下注300k。如果在比赛的其他阶段，我可以用这手强听牌过牌加注，但考虑到现在是决赛桌泡沫阶段，我和她拥有全场第二和第三码量，相互之间存在很高的风险溢价，因此应当游戏得更加保守，于是我选择跟注。

转牌：10♠

底池：1.7M

又是中张叠牌，机会又来了。我有太多的10X（几乎是6以上任意踢脚组合），于是毫不客气地反主动下注550k，希望直接打走她一些与牌面无关的A高或K高牌。然而，她思考片刻后决定跟注。

河牌：6♥

底池：2.8M

我再次听牌破产，而此时由于后手充足，我的诈唬不再面临尽失身家的压力。选择多大下注尺度呢？在这个叠牌面上，要想诈唬掉对手 QX 以上的对子显然不太现实，所以我的目标应当放在打掉对手 AK/AJ 或者中小对子上。考虑到女选手比较保守的形象，我认为选择 2/3 底池的尺度就够了。果然，当我喊出"2M"，甚至还没把记分牌点清楚推出去时，女选手就弃牌了。

不久后，最后的决赛桌泡沫还是在两个短码选手间产生了。吉维列夫斯基的 Q♥J♥ 推到另一位美国选手的 10♥10♣ 头上，翻牌一张 J♣ 让他击中更大的对子，淘汰了对手。至此，我以 10.47M、排名第三的码量挺进 WSOP 这一扑克奥运会最强的决赛桌。

第三比赛日晋级，记分牌装袋

第八章 披荆斩棘终圆梦——决赛桌

决战前夜

结束第三比赛日的比赛，回到住处时已过凌晨 1 点，而进入决赛桌的亢奋感让我睡意全无。好在第二天的比赛下午 4 点才开始，我有充分的时间休息和调整。

首要任务是平稳心态。

越是接近梦想，越需要保持冷静。从某种角度来讲，每场扑克比赛本质上并无不同，牌神不会因为这是一场 WSOP 决赛或是朋友间的 SNG 而特别偏向某人。既然结果不能强求，我所能做的始终是专注于打好每一手牌，避免患得患失。

我还要诚实地面对自己。无论第二天我将交出什么样的答卷，都是我当下牌技的真实反映。牌理认知和分析能力都是多年训练的积淀，无法期待一夜之间有所飞跃。我将坦然接纳自己的任何表现，无论是惊艳的还是平淡的，甚至是失败的。尽管 WSOP 的决赛将会面向全球直播，但我不会把这当成压力。与近在咫尺的梦想相比，他人的目光又算得了什么呢？我将坚定地做好自己，勇敢地作出每一个决定并坚定执行。

厘清这些思绪后，我在战略层面上的准备已基本完成。接下来是战术层面的赛前准备，主要包括两方面：

一是搜集对手信息。这会让我在对局中更好地把握对手的基础水平、技术风格和心理状态。越是重要的比赛阶段，选手的策略往往会带有越多的个人色彩，特别是在决赛桌这种充满 ICM 压力的决策中。因此，赛前尽可能多地搜集对手的各方面信息至关重要。

二是基于决赛桌码量分布的技战术准备。一场扑克锦标赛的主要大奖都集中在决赛桌，而且名次之间的奖金差别巨大。因此决赛桌的决策可谓价值连城。而从数学角度来说，决赛桌的 ICM 动态又是最复杂的，选手间的相对位置及记分牌变化对决策影响巨大，这使得决赛桌翻牌前和翻牌后的决策相比其他阶段有显著差异。根据当下的局面制定相对精准的策略，显得尤为关键。

庆幸的是，我有一个坚实的后援团，在我休息的时候帮我完成了大量的基础准备工作。第二天清晨，我便收到了知名教练林蔚老师精心整理的决赛桌对手详细资料及对应的策略建议。国内 ICM 专家鸭哥（孙骏伟）则根据决赛桌的码量分布，连夜使用 HRC[①] 软件为我定制了一套翻牌前策略供我参考。有了这些充足的准备，我可以更加自信地迈向扑克奥运会最后决战的大舞台。

---

① Holdem Resources Calculator，一款专业的德州扑克翻牌前范围解算软件。

对手盘点

下午 4 点，选手们纷纷步入马蹄铁酒店赛场最为核心的演播大厅，各自在舞台中央的 WSOP 直播桌前落座。利用开赛前的准备时间，大家默契地相互打招呼，亲切交谈。毕竟，能够有幸走到最后，站在全球瞩目的最高舞台上同场竞技，也是一种难得的缘分。然而，每个人都很清楚，这份短暂的和谐与温馨将在决战正式开始后迅速消散，取而代之的是竞技体育特有的激烈与残酷。

决赛开赛前

这场 5000 美元买入的六人桌决赛座位、记分牌分布及奖金结构如下所示。

座位号	选手	国家	记分牌	大盲倍数
1	Norbert Szecsi（诺伯特·塞奇）	匈牙利	18 600 000	93
2	Vitor Dzivielevski（维托尔·吉维列夫斯基）	巴西	5 850 000	29
3	Tyler Cornell（泰勒·康奈尔）	美国	7 475 000	37
4	Angelina Rich（安吉丽娜·里奇）	澳大利亚	14 000 000	70
5	Pedro Garagnani（佩德罗·加拉尼亚尼）	巴西	4 725 000	24
6	Weiran Pu（蒲蔚然）	中国	10 475 000	52

名次	奖金
1	$938 244
2	$579 892
3	$407 040
4	$289 819
5	$209 366
6	$153 485

从赛前的分析来看，我在决赛桌上的主要对手显而易见——匈牙利名将、场上的CL塞奇（Norbert Szecsi），坐在我下家。我排名第三的记分牌仅有他的一半略多，这使得我在与他的对抗中面临巨大的ICM压力。更何况，

他还是整张桌子上经验最丰富、线下成绩最好的选手。他在十年前就已经摘得金手链，至今已三次获得WSOP冠军，职业生涯中获得的总奖金超过400万美元。尽管他并非线上高额赛常客，我与其交手不多，但在第三比赛日与他同桌的经历中，我已经感知到他的牌风既扎实又极具压迫性。因此，在赛前准备技战术时，我重点研究了如何在不利位置对抗他可能对我实施的各种3bet压制，力求做到"有理、有利、有节"地反击。

码量排名第四的美国选手康奈尔（Tyler Cornell）也是一大潜在威胁。他在2021年赢得一条含金量极高的25 000美元买入赛事的金手链，牌风极为硬朗，不惧码量波动。通过调查发现，他竟然也是我线上的老对手之一，具备非常扎实的基本技术，而且他位于CL的下方，位置优势明显。一旦让他把码量打上去，绝对是个难以应付的对手。

在我看来，就技术水平而言，决赛桌最厉害的选手当属巴西大神加拉尼亚尼（Pedro Garagnani）。尽管他线下经验没有前两位丰富，但他是长期位列线上高额赛第一梯队的选手，是历经扑克世界修罗场磨砺的精英。丰富的经验使得他面对决赛桌各种局面都能游刃有余地应对。幸运的是，他目前是场上最短码选手，而且坐在我上家。与他对抗，我的位置优势会在一定程度上弥补与他技术上的差距。

决赛桌另外两名选手，从背调资料来看，无论是基础水平还是大赛经验都要略逊一筹。巴西选手吉维列夫斯基（Vitor Dzivielevski）虽有一个实力出众的弟弟，但他线下比赛经历较少，职业生涯中获得的奖金仅为8万美元。他在实战中也未展现出过高的水平，在第三比赛日中我那手成功的绝命诈唬正是在他身上实现的。而澳大利亚女选手安吉丽娜（Angelina Rich）虽然坐拥第二码量，但从参赛经历和前一天的表现看，她在大赛压力下过于保守的风格很可能成为大家争相攻击的目标。

我作为决赛桌唯一的东方面孔，由于出道全球大赛时间不长，之前并未取得太多亮眼成绩，他们可能并不认识我。或许加拉尼亚尼和康奈尔这两个线上老对手对我有所了解，但总体而言，大家很可能会低估我的存在。这在某种程度上，可以说是"敌在明，我在暗"。

综合考虑上述因素，我决定在决赛桌前期采取"韬光养晦"的策略：先收紧手牌范围，避免边缘对抗，营造一种想保守"苟奖金"的假象，然后伺机而动。我相信经验丰富的CL塞奇会积极主导比赛，而其他生存压力较大的短码选手，以及康奈尔、加拉尼亚尼这类硬朗派选手自然会出来对抗，我只需坐山观虎斗，静候时机，坐收渔翁之利。

韬光养晦

比赛前期的进程果然和我的预期大致吻合。从上桌第一手牌开始,塞奇就频繁抢池,其余几人轮流出来对抗。吉维列夫斯基和康奈尔在与塞奇的对抗中都遭遇钢板,分别被重创一半记分牌。而加拉尼亚尼则幸运地用 A♥Q♠ 翻牌前全下,在塞奇的 A♦9♦ 上实现码量翻倍。

这样的牌桌动态更加坚定了我的既定策略。前半小时我入池率几近全桌最低,只在女选手安吉丽娜在大盲位的时候开池过一手 K♥10♥,其余有两次当轮到我坐庄位和小盲位时,我都直接弃牌。在大盲位时防守也只有一次,而且翻牌不中就弃牌。当然这主要还是和手牌本身有关,但在其他人眼里也许会巩固我"人畜无害"的形象。

很快,决赛桌第一位牺牲者出现了。最短码的吉维列夫斯基翻牌前用 K♥9♥ 全下 10BB,被身后康奈尔的 A♦Q♥ 接下。翻牌没有实现逆转,这位巴西选手就此止步于第六名。

第六名 奖金：$153 485

吉维列夫斯基（Vitor Dzivielevski）

就这样我兵不血刃地前进一名。而此时恰好涨盲到下一级别，场上最后五人的记分牌情况如下所示。

排名	选手	国家	记分牌	大盲倍数
1	Norbert Szecsi（诺伯特·塞奇）	匈牙利	23 575 000	94
2	Angelina Rich（安吉丽娜·里奇）	澳大利亚	12 700 000	51
3	Weiran Pu（蒲蔚然）	中国	9 325 000	37
4	Pedro Garagnani（佩德罗·加拉尼亚尼）	巴西	8 250 000	33
5	Tyler Cornell（泰勒·康奈尔）	美国	6 075 000	24

整体局面没有改变，CL 塞奇继续一家独大，而我仍然排在中游，但与后两位选手的差距缩小。这促使我在

"韬光养晦"的同时，必须"有所作为"：适时展现锋芒，提升攻击性，确保记分牌不至于滑坡。没过多久，机会就来了。

第 24 手牌

盲注级别：125k/250k，记分牌：9.2M

手牌：A♣ 10♦

翻牌前：我在 CO 位置拿到一手标准开池的牌，加注 525k，恰好又对上女选手安吉丽娜在大盲位防守。

翻牌：8♠ 6♦ 2♥

底池：1.45M

从均衡策略来看，这并不是一个适合高频下注的牌面。但是由于对手相对保守，所以当她过牌后，我仍然决定下一个小注 300k。我并不担心被她用一些听牌加注诈唬剥削。她思考一会儿后跟注。

转牌：10♥

底池：2.05M

我击中了顶对，但牌面也更加复杂了。对手过牌后，我在考虑要不要继续下注拿价值。如果换作正常对手，我会下注拿一对 8 或一对 6 的价值，并且在河底安全的情况下继续扩大战果。而对于安吉丽娜，我不确定她能否支付三条街。同时牌面也存在让她击中 79 顺子或者 810/610 两对的可能。再考虑到我的码量相对于她的码量毕竟还是处于被压制地位，于是我选择过牌控池，看河牌情况。

河牌：8♦

底池：2.05M

这张 8♦ 对我并不好，让对手翻牌可能形成的顶对成了三条。此时安吉丽娜主动下注 450k——不到 1/4 的底池。虽然这个尺度偏小，但我仍然感觉如果加注，得不到她太多更小的牌支付，除非是小概率的 109 翻牌的高张卡顺转牌同样击中一对 10。我最后选择稳稳跟注。

对手：K♠ 6♠

果然安吉丽娜只有一对 6。不过她河牌的阻挡注还是合理的。而我转牌过牌、河牌仅仅跟注的线路，会进一步让其他人认为我"紧"。这种形象积累对后面的比赛并非坏事。

又波澜不惊地过了一圈后，我和上家的巴西大神加拉尼亚尼终于交上了锋。

第 25 手牌

盲注级别：125k/250k，记分牌：9.4M

手牌：🂪♥ 9♠

翻牌前：全部弃牌到小盲位置的加拉尼亚尼，他有 30BB，选择平跟。我在大盲位置拿到这种中等结构牌自然也是过牌看翻牌。

翻牌：A♣ K♠ 8♠

底池：750k

由于对手的码量受压制，翻牌前会把大量中强牌都放在平跟范围，因此有 A 有 K 的牌面实际上还是有利于对手范围的。此时对手过牌，我不太想在这种局面下去诈唬。

转牌：5♣

底池：750k

牌面出现两门花听牌，而此时对手继续过牌。潮湿牌面还不进攻，对手整体范围强度下降，应该是有一定摊牌价值但又不足以价值下注的牌型居多，顶多会有 KX 在里面。而此时我没有任何可能增强的听牌，仍然没有开枪。

河牌：7♠

底池：750k

前门花到，对手第三次过牌。这样来看对手的范围严重封顶了，大概率没 A 没 K，即使有对子也是 99 以下，更多的可能是能摊牌的 Q 高或 J 高牌。而反观我后位范围很广，在这个牌面有很多河牌歪中的两对，甚至同花牌可以下注，因此我决定把手里的 10 高牌用来诈唬。此时底池很小，只有 3BB。思考后我下了 875k 的超池，希望给对手上述封顶范围较大的压力。

而让我没有想到的是，巴西大神在思考很久以后，竟然选择过牌加注到 3.7M。这是一个四倍于我超池下注的超大尺度，也是他自己后手码量的一半！我的第一感觉是对手这条线路太奇怪了，哪有大小盲这么埋伏的？极有可能的情况是，他的牌力也很边缘，跟不动我的超池而转诈唬，假装有大的同花牌，从而把我的 87/75 之类的小两对打掉，特别是我手里有一张 9♠，阻挡效应使得他可能的同花组合更少了。无奈我只有 10 高牌，即使看穿他很可能在诈唬，也完全没法跟注去抓这个鸡，唯有再加注才有可能拿下。而由于后手码量原因，此时要加注只能全下！这是一个疯狂的想法，如果成功必将载入史册，而一旦失败，真撞到他的钢板了，我也将基本告别金手链的争夺战。说实话，当时这个念头在我脑海中虽有闪现，但根本无法执行，太难了。

这就是大神的实力。他也很清楚这个过牌加注代表的范围过于极化，必须用一个超大甚至看似无理的尺度，给到我最不合适的抓鸡比例。他成功了，因为从事后的直播回放中可以看到他的手牌是：

Q 高转诈唬，同时有一张黑桃 J 阻挡我的范围中可能的同花。

这手牌以后，加拉尼亚尼的记分牌已经略超过我，但除 CL 塞奇以外，其余四人的码量都没有明显拉开差距。在这种局面下，冷静和耐心依然是法宝，我需要等待出手的时机。

很快桌上局面发生了变化。康奈尔和加拉尼亚尼这两位桌上最不怕死的硬茬遇到一手冤家牌，巴西大神的顶对全下撞到美国大兵的两对，让对手码量翻倍的同时，自己的码量降到 15BB。

而我也在沉寂一段时间后，开始"有所作为"。先是在 CO 位置用 Q♣J♠ 开池抢到了安吉丽娜的大盲。下一手又拿到 K♣8♣ 开池抢到短码加拉尼亚尼的大盲。紧接着第三手牌，当轮到我自己在大盲位时，面对 CO 位置场上第二深码康奈尔的开池，我果断用 A♣3♠ 这样一手边缘牌，在不到 40BB 的码量深度，作出我在决赛桌上的第一手 3bet! 而对手也迅速弃牌（直播回放，对手是 A♣6♦）。这手牌我很好地利用了此前的牌桌动态，对手很可能会认为我这样一个很"紧"的选手，连续三手的激进动作，大概率是有强牌。

一组"三连击"下来,我的记分牌重新回到 10M 大关,已经超过安吉丽娜,和康奈尔也只差 2M。又一圈后,我再次找到出击机会,突破口仍然是安吉丽娜。

第 26 手牌

盲注级别:125k/250k,记分牌:10.2M

手牌:A♠ 3♠

翻牌前:我在 CO 位置拿到这手 A 小同花开池 525k。此时我已经准备好,如果身后的 CL 塞奇对我 3bet 挤压,我会考虑用这手很适合 4bet 反抢的牌进行反击。而实战中塞奇仍然没有对我发起压制,只有大盲位的安吉丽娜跟注。

翻牌:A♦ K♠ 9♣

底池:1.45M

这是一个进攻方几乎可以全范围持续下注的牌面。对上一个偏保守的对手,我更不担心我击中 A 的小踢脚会遇到可能棘手的加注。于是对手过牌后,我扔出 300k 小注,对手想了想便跟注了。

转牌:A♣

底池:2.05M

这张 A♣ 的出现让我感觉基本赢了。对手有最后一张 A♥ 的可能性很小，而我希望从她的一对 K 或者其他对子上尽可能榨取更多价值。对手继续过牌后，我下注 1.3M——超过半池。从对手视角来看，这张 A♣ 的出现同样让我有三条 A 的概率下降。此时我的大注显得极化，仍然可能有不少 J10 听顺或者两张草花的后门买花诈唬。因此她有对子完全可能来抓我。果然，对手思考一会儿后继续跟注。

河牌：4♠

底池：4.65M

这是完全不改变牌面的一张空气牌。安吉丽娜再次过牌，而此时底池已经膨胀，我在思考是否继续下注。这时我被击败的概率仍然很小，即使对手也有三条 A，在她翻牌前跟注范围中边牌 9 以下的小踢脚比例最高，而这部分牌跟我是平分的牌。除此之外，对手能过牌跟注两条街的牌大概率是 KX。此时如果对上一个有对抗能力的选手，我依然会选择下大注去极化自己的范围，对手中 K 很可能会抓我。而对上保守的安吉丽娜，我不能那么贪心。考虑到她现在 7M 多的码量相比初始已经被腰斩，我必须寻找一个确保她的 KX 还能支付的注码，哪怕尺度在均衡策略上并不平衡。最后我下了 950k——1/5 底池，一个让她想扔也扔不掉的注码。安吉丽娜立马露出很不自然的表情。我下得这么少，她肯定也意识到不是一个均衡策略的下注，诈唬可能性很小。然而她此时面临的赔率又太好了，只需要 15% 左右的胜率就足以支持跟注。在决赛桌的重压下要逃离这样的两难困境，对她来说略显残酷。考虑良久后，她还是选择了跟注。我亮牌后，她不甘心地把牌扔进弃牌堆。从事后直播回放可以看到，她确实拿着：

K♦ J♦

这手牌后，我的记分牌达到近 14M——50BB 以上，进一步巩固了自己第二梯队的位置，并拉开了与最后两名选手的差距。此时对我而言，争夺记分牌的紧迫性下降了，战略上可以再次进入"韬光养晦"阶段。

而安吉丽娜就没这么幸运了。紧接着下一手牌，全部弃牌到小盲位的她，大盲位坐着只有 12BB 的加拉尼亚尼。此时她选择用 J♠9♥ 直接全下，结果撞到巴西大神的 A♣8♣ 秒接。翻牌一张 A♠，让巴西大神的码量再次翻倍，可怜的安吉丽娜只剩 10 多个 BB 了。

俗话说"牌来一阵风"，不知道牌运差的时候会不会也是一样的。下一手牌即使轮到坐在最好的庄位，安吉丽娜还是没有止住掉码的趋势。

第 27 手牌

盲注级别：125k/250k，记分牌：13.7M

手牌：♠J ♥6

翻牌前：全部弃牌到处在庄位只有 15BB 的安吉丽娜，她开池 525k。我拿到一手对于大盲位防守来说都较差的牌，但由于码量处于绝对的 ICM 压制地位，加上之前与她对局占优势，因此我仍然没有放弃跟注的机会。

翻牌：♦K ♣6 ♥2

底池：1.45M

我击中一个中对。对于翻牌前只有 15BB 的安吉丽娜来说，她的加注范围还是比较极化的，要么是舍不得直接推的顶端范围，要么是还没强到可以直接推的随机两高张。我过牌后，对手下注最少的 250k——1BB。我击中了对子，显然不可能弃牌。

转牌：♣3

底池：1.95M

这张低牌对我的范围有利。如果对上激进的对手，我大概率还是会继续过牌的。但对上安吉丽娜，我选择反主动下注 700k，希望直接剥夺她没中 K 的两高张权益，不给她免费看河牌的机会。在我看来，她面对这个后手码量 1/4 的下注量，并没有能力跟注缠打或者加注反偷。确实，她很快就弃牌了。后续直播回放中看到她的牌是 J♥10♠，符合我的判断。

此后不久迎来了决赛桌的第二次涨盲，安吉丽娜记分牌已不足 10BB，随时可能出局。而康奈尔在抢下几个底池后码量跟塞奇几乎一样，接近 20M。由于短码选手的存在，我和加拉尼亚尼这两个中码选手的策略不得不收得更紧。

第 28 手牌

盲注级别：150k/300k，记分牌：14M

手牌：K♦ 4♥

翻牌前：全部弃牌到小盲位的我，拿到这手较差的 K 高杂色，面对大盲位的 CL 塞奇，我仍然选择平跟。由于码量和位置关系，从均衡策略来看，我几乎很难有加注范围，这使得我的平跟范围相对更强。而这也是决赛桌打到现在我第一次在小盲位面对塞奇跟注，之前有几次都是直接弃牌给他。因此我相信塞奇会给予我这个跟注足够的尊重。果然他也过牌，示意发牌员看翻牌。

翻牌：K♥ 6♦ 3♠

底池：900k

我击中顶对，但踢脚很差。这种牌在后手很深且 ICM 受压制的情况下尤其需要小心，于是我选择在翻牌过牌控池。对手想了想也过牌。

转牌：Q♦

底池：900k

转牌出了后门花和顺的听牌。这时我选择下注300k，对手一些有摊牌价值的牌或者听牌都会跟注，河牌如果出白板，我可以考虑继续下一个价值注。对手想了想便跟注了。

河牌：K♣

底池：1.5M

我幸运地击中三条，基本肯定我的牌大了，毕竟对手也有K且翻牌不下注的概率太低了。此时过牌引诱对手听牌破产是一个选择，但决赛桌打到现在，我发现塞奇对我的激进度并不高，而且他转牌跟注范围有摊牌价值的成牌居多，因此我还是主动下注比较好。

不同于安吉丽娜，面对塞奇我需要以均衡策略为准绳。河牌三条K的下注尺度需要考虑我范围中诈唬的比例。我在转牌的下注还是有不少109/54/75等听顺和两张方片听后门花的组合，它们的数量和我价值范围里的KX相比还是足够多的，因此我可以下一个大注让对手一些中等抓鸡牌陷入两难。由于底池较小，而后手码量也深，最后我选择了1.75M的超池下注。塞奇陷入沉思，他显然也看得懂我这个注码所代表的意义，不过最后他还是选择弃牌。直播回放显示他是 A♦8♥ 高牌。我相信他如果有对子，支付我的概率还是挺大的。

接下来的一手牌，安吉丽娜终于遇到了出局的心碎时刻。她在 HJ 位置拿到 4♣4♦ 全下，不到 8BB，无奈遇到身后加拉尼亚尼的 K♠K♦ 钢板。发牌没有出现奇迹，场上唯一的女选手就这样在决赛桌上以几乎直线坠落的方式被淘汰在第五名。这就是竞技扑克残酷的一面，运势不利，加上缺乏亮眼的操作，只能退出最高舞台上的争夺。

第五名　奖金：$209 366
安吉丽娜（Angelina Rich）

焦灼拉锯

剩下最后四人了,我在梦想之路上还需要翻过三座大山,而此时在记分牌分布中我仍然处于中游。

排名	选手	国家	记分牌	大盲倍数
1	Tyler Cornell(泰勒·康奈尔)	美国	18 775 000	63
2	Norbert Szecsi(诺伯特·塞奇)	匈牙利	18 300 000	61
3	Weiran Pu(蒲蔚然)	中国	14 775 000	49
4	Pedro Garagnani(佩德罗·加拉尼亚尼)	巴西	8 075 000	27

场下的巴西观众开始为他们的偶像加拉尼亚尼加油鼓劲,巴西人那特有的热情奔放、载歌载舞的表达方式,霎时间让我恍若置身于里约热内卢足球世界杯的狂热氛围中,而非一场扑克比赛。热烈的气氛也感染到场上的选手,大家都放松紧绷的神经,露出了难得的笑容。

然而这种轻松稍纵即逝,大家都明白接下来的战斗将是一场鏖战。领头羊康奈尔和塞奇优势并不明显,最短码加拉尼亚尼也有近30BB。记分牌排名的交替也许都只是一把牌的事情。而随着比赛变为短桌,抢盲和反击都变得更加紧迫，我前期韬光养晦的策略也需要逐步转向发力，积攒的较好形象到了兑现的时候。

第 29 手牌

盲注级别：150k/300k，记分牌：14M

手牌：A♣ J♥

翻牌前：又是我跟塞奇大小盲的对战，这次的局面跟上次没有太大变化，有短码选手存在且我的码量受压制，进池仍然会以平跟为主。如果遭遇大盲位选手加注挤压，我也可以从容跟注。塞奇这次仍然按兵不动，选择过牌。

翻牌：K♠ 4♠ 3♥

底池：900k

牌面结果和上一手相似，不同的是我现在有 A 高牌，很好的过牌摊牌的组合。我过牌后，塞奇也跟着过牌。

转牌：7♣

底池：900k

小牌面，我继续过牌寻求摊牌，而对手也继续过牌。

河牌：7♥

底池：900k

我的 A 高牌仍然没有下注的理由。我再次过牌后，对手也没有轻举妄动。毕竟我连续过牌显示出较强的摊牌意愿，在底池不大的情况下，他的诈唬通常不会取得效果。我亮牌后，对手弃牌（直播回放，显示他的牌是 J♠10♦）。我再次赢得与塞奇的大小盲之战。

紧接着下一手牌，我打出了本场比赛的神来之笔。

第 30 手牌

盲注级别：150k/300k，记分牌：14.8M

手牌：K♣ 2♣

翻牌前：我在庄位拿到这手 KX 同花小踢脚，由于后面两人码量较深，于是我选择开池 700k——2.3BB，尺度较大。此时小盲位的塞奇终于对我出手了，3bet 到 2.25M。这是他决赛桌上第一次对我 3bet 挤压，而殊不知这手牌刚好落入我的反击射程。

通过分析可以看到，塞奇在小盲位因为没有位置的优势，本身平跟范围就比较窄，要想进池几乎都会以 3bet 加注为主。而且他的码量优势对我构成较大的 ICM 压制，又是第一次做这样的动作，因此很可能会用更多的 AX、KX，甚至 QX 等组合来诈唬，使得他的 3bet 范围变得很宽。

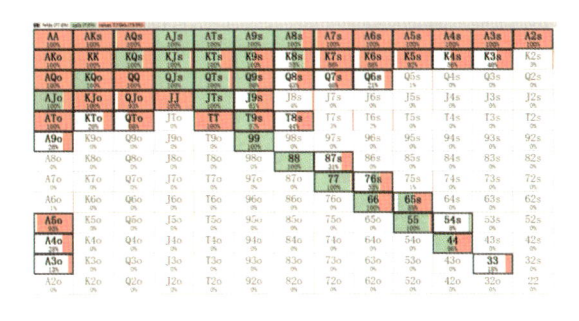

塞奇理论上的 3bet 范围（均衡策略）（红色部分）

面对如此宽的 3bet 范围，有对抗能力的选手会构建一个合理的反击范围，一部分牌可以直接全下。而此时我的后手码量足够深（近 50BB），也可以构建一个极化的非全下 4bet 范围。这主要由 AA/KK/AK 同花的顶端价值范围，搭配部分 AX 杂色 /AX 同花小踢脚 /KX 同花小踢脚（如 K3/K2 同花）等诈唬范围构成。

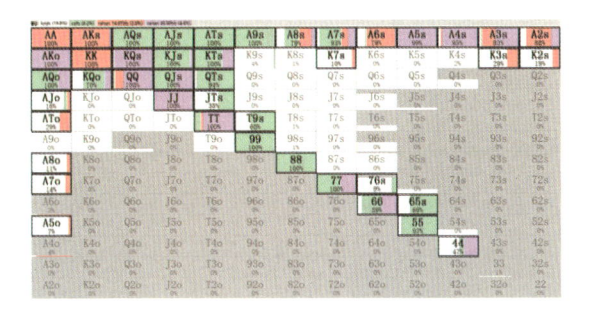

我理论上的 4bet 范围（均衡策略）（红色部分）

挑选极化 4bet 诈唬范围的主要原则，一是要有 A/K 这样阻挡对手 AA/KK/AK 顶端范围的阻隔张；二是踢脚要小，不阻挡对手诈唬范围更大的踢脚；三是更倾向同花组合，这样即使小概率被对手跟注，要打翻牌后的牌也比杂色组合有更高的权益。

所以当我意识到对手这时有足够多的 3bet 诈唬，而 KX 同花小踢脚是此时 4bet 反击的优选牌型时，便决定了用手里的 K♣2♣ 作出令实况解说员都惊异的一次惊天诈唬——4bet 到 4.3M。要知道这几乎是我全部身家的 1/3，一旦失败将损失巨大。而驱使我勇敢作出这个动作的，不是场上的灵光一现，而是场下多年训练形成的对 ICM 的理解，以及赛前针对如何反击 CL 压制而刻意准备的专项策略。所谓"台上一分钟，台下十年功"，无论在哪个领域都是同样的道理。

塞奇很快宣布弃牌，事后直播回放显示他的牌是 Q♣J♣。事实上，如果他用较宽范围 3bet，那么就要做好当我 4bet 时，用足够宽的范围 5bet 再次反击全下的准备。理论上，这要求他不仅要用 TT+/AQ 同花以上的顶端范围这么做，还要搭配几乎所有 AX 同花小踢脚，以及很大一部分 KX 同花作为诈唬。很显然在当时的场景下，不仅是塞奇，人类选手普遍都很难做到这一点。而一旦他 3bet 范围较宽，且 5bet 全下范围又不够宽，这种失衡就会让我的 4bet 诈唬非常有利可图。这才是我当时敢于用这手边缘牌反击的更深层次原因。

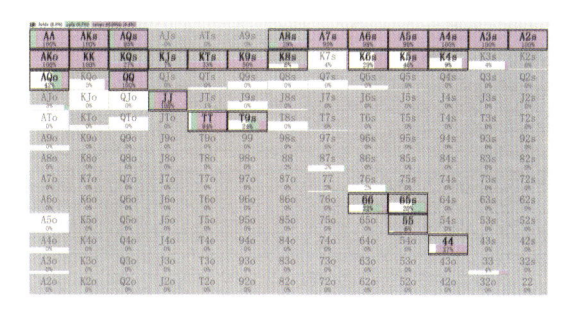

塞奇理论上5bet反推的范围（均衡策略）（紫色部分）

此后，我又在大盲位用A♥J♠防守庄位康奈尔的开池，在2♦7♣10♦9♦Q♣的牌面上过牌三条街，赢下他的A♣5♦。连续几手牌打出一波小高潮之后，我的记分牌不知不觉已经超过塞奇，达到与康奈尔不相上下的18M。而此时又轮到我与塞奇的大小盲之战。

第31手牌

盲注级别：150k/300k，记分牌：18.3M

手牌：K♥ 8♠

翻牌前：全部弃牌到小盲位的我，拿到一手不错的KX杂色，面对记分牌已经略少于我的塞奇，我已经是ICM优势方。加上此前我还从来没有在小盲位加注过他，曾经的A♣J♥都是平跟并摊牌被他看到，因此我选择一改之前保守策略，加注900k给他施压。而他在仔细思考一阵后跟注。

翻牌：♥9 ♥7 ♦5

底池：2.1M

中低张连接面，是一个对翻牌前跟注方范围有利而对加注方范围不太有利的牌面，根据均衡策略，我应高频过牌。而我的 K 高牌带后门花顺组合的权益还不错，放在过牌跟注范围比较合适。我过牌后，对手下注 700k，我按计划跟注。

转牌：♥J

底池：3.5M

我击中顶对带后门 K 花听牌，但牌面有花有顺很复杂。我选择过牌控池，如果对手下注，我可以继续从容跟注。对手想了想也过牌。

河牌：♠8

底池：3.5M

牌面单张成顺，我的顶对此时变得很脆弱。思考很久后，我决定扔出 1.1M——一个不到 1/3 底池的阻挡注，因为我不希望过牌以后对手的大注让我陷入抓鸡困境。结果对手很快跟注，并且秀出：

♥10 ♣10

大小盲之战的一手强牌！塞奇很有 ICM 意识，翻牌前只是跟注，翻牌后的处理也很合理，河底有花面中了单张顺也没有选择加注。他的行牌线路当时给我感觉就一个字——稳。

反观我的河牌下注，事后复盘感觉就欠妥了。最主要的问题在于，阻挡注必须有合适的价值对象，而花面单张顺对手显然很难有比我顶对还小的牌能跟注。哪怕下注尺度只有不到 1/3 底池，这个价值也过于"薄"。而我所担心的过牌被对手大注诈唬的可能性其实也不大。因为在翻牌圈的对手下注范围中，有太多的 10X/6X 到河牌单张成顺，如果河牌下注，有强牌的概率很大。而如果是 89/87 之类的两对，他大概率也没必要打。在河牌圈，很难找到他完全无法摊牌需要诈唬的组合。因此，从整体来看，我在河牌的下注应该是一个比较明显的错误。

这手牌让我意识到，也许是决赛桌前期进程过于顺利，导致自己不知不觉中心态还是有些飘，已经影响实战中的牌理分析。此时我必须给自己降降温，对接下来的比赛要有充分的困难预期。核心还是要更加专注于当下的决策，少去想记分牌变化等结果方面的事情。

第 32 手牌

盲注级别：150k/300k，记分牌：16.4M

手牌：5♥ 3♥

翻牌前：庄位的康奈尔开池 600k，此时他和塞奇的记分牌都是 18M，比我略多。我在大盲位面对最小加注，拿到同花连张肯定不会弃牌。

翻牌：Q♥ 8♥ 4♦

底池：1.65M

我击中很小的同花听牌。过牌后，对手持续下注 1.2M——一个较大的尺度。我的手牌权益和 ICM 关系不足以让我过牌加注，只能跟注。

转牌：J♣

底池：4.05M

没出花，但牌面连接性进一步增强。这是一张对我翻牌跟注范围更有利的牌，因此我过牌后对手也没有继续下注。

河牌：9♥

我幸运地击中同花，而且牌面也变成单张 10 成顺极为湿润的面。在对手看来，我的范围到河底几乎都中了，找不到什么诈唬。从均衡策略来看，通常诈唬少的时候下注尺度不需要太大。思考片刻后，我下注 1M——1/4 底池。这样做的好处，一是可以让对手顶对以上的牌因为赔率关系很难弃牌；二是对手如果有 10X 成顺大概率会加注，这样我的同花就能拿足价值；三是如果对手只有一张 A♥ 又不足以开牌，我的小注就给了他加注诈唬的机会，从而可以拿到他诈唬的价值；四是如果遇到冤家牌，对手刚好拿到比我大的同花，由于我的下注不大，他的加注也不会让我的再跟注损失过多。不过可惜的是，对手思考一会儿后选择弃牌。事后直播回放，看到他的牌是 6♣5♣，确实没有办法抵抗。如果这手牌他选择加注诈唬就太偏离基线了，不会是一个训练有素的牌手的选择。

由于加拉尼亚尼此时记分牌落后太多，只能耐心等牌，此后的比赛大多是我、塞奇和康奈尔之间的拉锯战。很快我又和塞奇在大小盲位交上火了。

第 33 手牌

盲注级别：150k/300k，记分牌：18.3M

手牌：9♠ 9♣

翻牌前：全部弃牌到小盲位的我，拿到中等对子，算是大小盲之战的强牌。此时我和塞奇码量几乎持平，均为 18M 左右，60BB。考虑 ICM 因素，我俩翻牌前都不应把底池造得太大。因此我把这手牌放在溜入 – 跟注（Limp-Call）（先跟注，再跟注对手的加注）的范围。而塞奇此时仍然没有加注，选择过牌看翻牌。

翻牌：Q♠ 8♠ 7♥

底池：900k

花顺听牌的面被盖了帽子而后手码量又深，我选择过牌控池。对手想了想也过牌。

转牌：7♣

底池：900k

叠牌的出现让牌面没有进一步复杂化，我继续过牌。此时对手开始动手，下注半池——450k。我自然也不会考虑弃牌。

河牌：10♠

底池：1.8M

我继续过牌，而对手经考虑后下了1.4M大注。这几乎是我最不愿意看到的几张河牌之一，本来可以轻松过牌跟注的，此时变得很边缘。

首先分析对手的价值范围：大注价值应该包括同花、J9/96顺子、三条7及部分的顶对Q。对手的行牌线路还是很能够代表这部分牌型的。而我有一张黑桃，阻挡了对手一些同花，两张9则阻挡了对手大量的顺子。我不相信对手中10会下这么大注，即使有一对Q也不一定是这个尺度。这就使得对手的价值组合也许并没有想象的那么多。但是对手的诈唬同样也很难直观找到，因此从剥削思维角度出发，并不太容易作出决定。

如果参考均衡策略的思路，在河牌面对近80%底池的下注，即使考虑 ICM 风险溢价因素，我仍然需要保持 50% 左右的抵抗频率。也就是说，我需要挑自己范围里一半左右的牌来跟注。而我转牌时的过牌跟注有很多 A 高牌及 8X，9♠9♣ 算是打到河牌范围中排序较高的了，加上阻挡效应，还算是一手抓诈的可选组合。

综合考虑后我还是决定跟注。对手亮出：

Q♣ 4♥

对手没有黑桃 Q 带小踢脚也能下这么大的价值注，这让我稍感意外。我敏锐意识到对手具备这样的价值下注能力，体现了其很深的翻牌后的对抗功力。在后面与塞奇的对局中，我必须更加小心。

一圈以后，轮到跟最近几手牌稍有起色的加拉尼亚尼的大小盲战斗了。虽然前期被他河牌操作一手，但此时我的记分牌压制优势更大，加上位置优势，对上他我毫不畏惧。

第 34 手牌

盲注级别：150k/300k，记分牌：16.2M

手牌：5♣ 4♥

翻牌前：加拉尼亚尼（拥有 7M）在小盲位平跟，我在大盲位看到小的杂色连张，也跟着过牌。

翻牌：K♥ 10♥ 3♠

底池：900k

巴西大神持续下注 350k。此时我的 5 高牌没有任何摊牌的可能，仅有微弱的后门花顺听牌。但我并不打算放弃，反而选择加注 1M，希望打走他范围里那些跟牌面无关的高张。毕竟他作为一个偏激进的玩家，无论有没有牌都可能下注。果然他并没有弃牌，想了一会儿后跟注。

转牌：J♠

底池：2.9M

翻牌他能跟上来，说明他的牌与牌面有一定关联，转牌这张 J♠ 很可能对他有帮助。我的后门花顺听牌也没有出，此时手牌权益很差，因此在他过牌以后，我没有继续进攻，而是过牌看河牌再定。

河牌：5♠

底池：2.9M

河牌我幸运击中一个对子。加拉尼亚尼考虑了很久后决定过牌。本来还准备择机诈唬的手牌，此时有了一定摊牌价值，于是我也过牌。他秀出了：

A♥ 3♥

翻牌中底对抽坚果花，很强的手牌，到河牌反而被我中一对 5 反超。当我秀出手牌时，巴西大神顿时笑出了声，他没有想到我在翻牌居然用这么一手牌来操作他。

"Brazilian Play（巴西打法）[①]？"我也半开玩笑地回他："Learned from you（跟你学的）."

而我对他的压制才刚刚开始。紧接着下一手牌，他（拥有不到 20BB）在庄位开池。我在小盲位拿到 A♥9♥ 同花，一手大到足够跟他这个码量打光的牌，于是我 3bet 加注到 8BB，隔离身后的塞奇，而他没怎么想就弃牌了。事后直播回放，他的牌是 10♦9♠，抢盲失败。

"屋漏偏逢连夜雨"这句话该应验到加拉尼亚尼身上了。下一把他连续开池，又被康奈尔反推，等再次轮到他跟我大小盲之战时，他只有 10BB 出头了。

第 35 手牌

盲注级别：150k/300k，记分牌：18.7M

手牌：5♠ 3♦

翻牌前：加拉尼亚尼再次平跟，而我拿到跟上次几乎一样的牌，同样过牌看翻牌。

翻牌：Q♠ 10♠ 4♥

[①] 巴西牌手是扑克界中激进风格的代表，经常有令人意想不到的操作。

底池：900k

翻牌结构以及与我手牌的关联竟然也跟上一把牌几乎一模一样。当他依然持续下注 300k 时，我也仍然不打算放过他。只是因为此时他后手码量已经不多，没有什么加注空间了，于是我选择平跟缠打。

转牌：4♠

底池：1.5M

这是一张对我绝好的牌，因为同花和三条 4 的组合在我这里要比他多很多。这时他选择过牌，那么我肯定会抓住机会下注 600k，用手里这个 5 高牌诈唬。他的牌只要不是翻牌前埋伏的顶端范围，几乎都只能乖乖弃牌。果然他没想多久，就选择放弃。事后直播回放，他的手牌是 J♣3♠，尽管还有一张小黑桃，也不支持他继续抵抗。

打完这手牌后恰好涨盲，而巴西大神的记分牌已经不足 10BB 了。命运之神已经向他敞开了大门，不过是往离场的方向。

第 36 手牌

盲注级别：200k/400k，记分牌：19.3M

手牌：A♠6♦

翻牌前：庄位的加拉尼亚尼加注 3M，几乎就是全下。而我在小盲位看到 AX，自然不会放过淘汰他的机会，稳稳跟注。身后的塞奇想了一会儿后弃牌，把与加拉尼亚尼抗争的光荣任务交给了我。

翻牌：A♠ 8♣ 3♥

底池：6.8M

由于对手后手码量已经很少，因此无论什么牌面我都会跟注他的全下，何况还中了一对A。巴西大神最后看了看他的手牌，把仅有的325k放进了底池，而我秒跟。

对手：A♥ 2♦

他居然也有一对A！此时由于我俩的踢脚都很小，还是很有可能发成平分面。我笑着安慰他道："It will be a chop（会平分的）."但此时他已经面色凝重，没有心情跟我开玩笑了。

转牌：5♣

底池：7.45M

此时他除三张2以外，又多了四张4的获胜出路，同时还有三张3、三张5也是令我俩平分的牌。

河牌：7♦

底池：7.45M

我赢了。然而此时巴西大神犹豫着没有起身，让我也一时迷糊了，难道平分了？显然全球直播众目睽睽之下，裁判也不会允许这样低级的错误发生。反复确认过牌面后，加拉尼亚尼终于恋恋不舍地站起来，我也起身跟他握手，拥抱道别。

我亲手淘汰了决赛桌上我心目中实力最强的对手，进入最后三人的大决战。而我的记分牌也第一次超过20M，成为场上的CL。

第四名　奖金：$289 819
加拉尼亚尼（Pedro Garagnani）

火力全开

尽管此时是开赛以来我离梦想距离最近的时候,但我的心情却越发平静。不到最后一刻,我不想让任何对结果的希冀干扰到我当下的决策。我要把所有的注意力都放到码量分布、位置、手牌范围、牌面结构、权益等扑克博弈核心的方面,一步一个脚印地巩固和扩大优势,直至清光对手最后一枚记分牌。

排名	选手	国家	记分牌	大盲倍数
1	Weiran Pu(蒲蔚然)	中国	23 450 000	59
2	Norbert Szecsi(诺伯特·塞奇)	匈牙利	19 250 000	48
3	Tyler Cornell(泰勒·康奈尔)	美国	18 775 000	47

几手牌的短兵相接以后,我迎来了决赛桌上另一次关键而精彩的局面。

第 37 手牌

盲注级别:200k/400k,记分牌:23.7M

手牌: 2♦ 2♣

翻牌前：我在庄位拿到最小的对子，选择一个较大尺度开池 1M——2.5BB，不希望对手跟注过宽范围，毕竟对手任何手牌对我来说都是两高张。大盲位的康奈尔有接近 16M 的码量，想了想便跟注防守。

翻牌：K♣ 7♠ 7♥

底池：2.6M

这个公对牌面对手不容易击中，而我的对子极其脆弱，需要保护。对手过牌后，我下注 800k——标准的 30% 底池左右。对手思考片刻后跟注。

转牌：3♦

底池：4.2M

一张白板，对手继续过牌。翻牌对手能跟注，还是可能有领先我的范围。此时我如果再次下注，就几乎只能留下完全比我大的牌了，于是我也过牌，希望河底稳稳摊牌。

河牌：5♦

底池：4.2M

这也是一张空气牌，完全不改变牌面。此时康奈尔动手了，考虑片刻之后他下了 2.8M 的重注。如果换作几年前的我，行牌至此可能已经感觉比较难跟注了。但经历过多年均衡策略系统训练后，直觉告诉我这是一手不得不跟注的牌。

能赢什么？看似非常干燥的面，如何解读对手在翻牌的过牌跟注范围，是解开这手牌的关键钥匙。在低水平对抗中，大家普遍会抵抗不足，无花无顺的面能跟上来，要么中K、要么中7，或者是翻牌前没加注的中小对子，顶多有些A高牌。然而在高水平对抗中，面对庄位高频持续下注，大盲位选手绝不应该只抵抗这么窄的范围。除了显而易见的上述"足够大"的牌，还必须抵抗几乎所有带后门花或后门顺的组合，如QJ/J10/98/86等。考虑到这手牌康奈尔处于ICM被压制地位，风险溢价的存在让他不可能抵抗这么宽的范围，但至少较好的两高后门花顺组合是一定存在的。

因此，在转牌我停止进攻后，对手在河牌很可能把那部分不够大的翻牌后门花顺组合转成诈唬！这就是我这手最小对子抓鸡的主要对象。事实上，从对手下注的价值诈唬配比来看，由于对手的三条7和较大的KX有很大可能已经在翻牌选择加注，并不在跟注的行动线里，因此到河牌对手下注的价值范围中，KX和7X的组合数并没有直观上那么多，这样就让他的诈唬组合占比提升，更有利于我抓鸡。

从均衡策略来看，如果不考虑对手的诈唬倾向，只考虑我自己的抵抗频率，河牌也必须抵抗一半以上的范围。我作为CL，翻牌前开池范围本来就宽，在翻牌全范围下注，而在转牌又过牌，此时我范围中绝大部分都是没击中的高牌，有个对子肯定算是范围里较高排序的组合。如果有对子都不抵抗，显然会让自己的行动线路频率失衡，出现漏洞。长期这么打，一定会被对抗能力强的对手剥削很多。

因此，我没有考虑太久就跟注了。而对手果然秀出了：

[J♠ 10♥]

对手的行动线路确实在我的预料之中，但这并不是因为我有什么神奇的读牌技巧，或者看穿对手的马脚，知道他一定在诈唬，而是数学告诉我长期这么做才是正EV[①]的行为，与某一手牌的结果无关。也许在另一个平行世界，对手秀出一手 K♦10♣，赢下底池，并不代表我当时的跟注就是错的。

我的 CL 优势继续扩大，而紧接着我却遇到一个不大不小的难题。

第 38 手牌

盲注级别：200k/400k，记分牌：29M

手牌：[10♦ 10♣]

[①] EV（Expected Value）指期望收益，正 EV 通常指长期平均下来获得的收益为正。EV 是衡量扑克决策正确与否的核心依据。

翻牌前：庄位的塞奇开池，小盲位的康奈尔弃牌后，我在大盲位拿到一手三人桌的强牌1010，又该如何决策呢？此时场上的记分牌分布如下。

排名	选手	国家	记分牌	大盲倍数
1	Weiran Pu（蒲蔚然）	中国	2 950 000	72
2	Norbert Szecsi（诺伯特·塞奇）	匈牙利	20 350 000	51
3	Tyler Cornell（泰勒·康奈尔）	美国	10 625 000	27

我们三人的记分牌已拉开了一定差距，最短码的康奈尔与第二位塞奇的记分牌差距越大，我作为场上CL对塞奇构成的ICM压制也就越大。在这种情况下，面对塞奇的开池，我在理论上应对他进行非常多的3bet挤压，就像之前那手我在庄位拿着K2同花时他对我做的一样。而塞奇作为水平很高、经验很丰富的选手，同样会敏锐地捕捉到这种动态，他又会如何反击我呢？我的10♦10♣愿意面对他的4bet打光50BB吗？

我陷入了长久思考中。此时从战略上讲，我更应该稳稳保持CL优势，先把最短码的选手淘汰掉再说，不要与第二码量的选手过度纠缠。我向塞奇确认了他的记分牌数量，最后决定直接全下！是的，面对我的全下，他在巨大ICM压力下能跟注的范围很窄，只要不是运气太差撞到他顶端范围，绝大多数情况是我可以直接收下底池。果然，他象征性地看了下手牌后，选择弃牌。直播回放，看到他的牌是 A♥6♠，确实也跟不动。

不过事后复盘我发现，直接全下的决策从均衡策略来说并不是最优的。理论上我的一对 10 还是要作为价值范围去 3bet-跟注（先 3bet，遭遇 4bet 打光）。因为如果一对 10 都不在 3bet 范围里，那么当我 3bet 的时候，价值部分就会太窄，搭配的 3bet 诈唬组合很容易过多。这种失衡面对塞奇这样有能力 4bet 诈唬的选手很容易被剥削。这与我之前那手 K♣2♣ 用 4bet 反击剥削塞奇的道理相似。

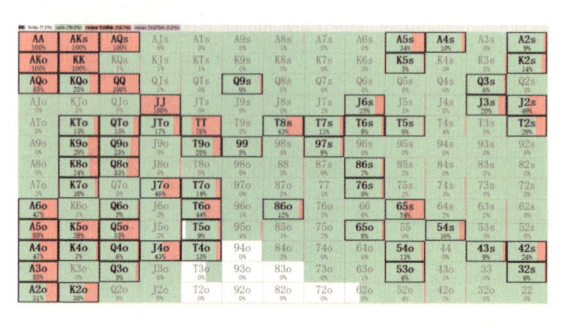

我在大盲位理论上的 3bet 范围（均衡策略）（红色部分）

面对我的 3bet，塞奇理论上会用 JJ 以上的大对子加上 AK/AQ 杂色，再搭配一些 AX 同花小踢脚等作为诈唬进行 4bet 或者全下。

塞奇理论上的 4bet 范围（均衡策略）（红色 + 紫色部分）

一旦对手有 4bet 诈唬范围，我的一对 10 抓他诈唬的这部分 EV 就足够高。而如果直接全下就等于放弃了给他 4bet 诈唬的机会。这使得一对 10 做 3bet 的 EV 高于直接全下的 EV，是均衡策略选择 3bet 的原因。

此外，一对 10 全下的 EV 除了来自直接抢池，还来自对手跟注全下范围里一部分 99/88 等被主导的对子。而实战中很可能人类选手普遍跟不了那么宽的范围。如果假设塞奇只跟注 JJ+/AK 的范围，我一对 10 直接全下的 EV 会进一步降低。因此，从调整的角度看也更倾向于 3bet，或者平跟打翻牌后，而非直接全下。

因此，尽管直接全下依旧是正 EV 的决策，但在顶级对抗中显然不是最优的。这应该算是我在决赛桌犯的第二个不大不小的错误。

然而，正当我再次调整心态，做好与两位高手耐心周旋的准备时，牌神却给我带来了意想不到的礼物。

第 39 手牌

盲注级别：200k/400k，记分牌：28.5M

手牌：A♠ A♦

翻牌前：弃牌到小盲位的康奈尔，此时他只有 9.6M（24BB），选择加注 1.2M（3BB）抢我大盲。而我翻牌一看，竟然拿到了比赛中最令人激动的最大起手牌！我必须把握住这个千载难逢的机会。

此时我有三个选择：平跟慢打，小额 3bet，或者直接全下。康奈尔身为短码选手，面对我这个 CL，在 ICM 受压制的情况下理论上不应该有太多的加注诈唬，因此平跟慢打引诱他翻牌后继续诈唬的意义不大。如果加注，全下和小额 3bet 的区别在于：3bet 会给对手 4bet 反推的机会，而全下只能寄希望于对手是顶端能跟注的强牌。从桌面动态和形象来看，此时的我早已不是决赛桌初期那个一直弃牌的紧手，最后四人战以来我的各种激进动作对手也都看在眼里，而且我此时还是 CL，完全可能利用 ICM 压制的优势做很多 3bet 诈唬。康奈尔又是场上最不怕死、对抗性最强的选手，面对我的 3bet，但凡有足够强的牌他都不可能退缩，即使是边缘牌，还有 4bet 反偷的能力。

想清楚以后，我缓缓拿出 3M 记分牌扔了出去。我心中默默祈祷，康奈尔可千万别是诈唬啊，别弃牌。对手没有让我失望,"全下"话音未落,我以最快的速度跟注并亮牌。

对手也亮出了他的一手大牌:

A♥ J♠

看到我的一对 A,硬汉康奈尔也忍不住唏嘘道:"Can you even have Kings(你就不能是一对 K 吗)[①]?"

我也只能礼貌地安慰他:"Just running hot(只是运气好而已)."

翻牌:10♠ 10♦ 4♦

底池:19.65M

康奈尔只剩下后门顺不到 2% 的反超概率。

转牌:5♥

底池:19.65M

对手已经听死牌,河牌已无关紧要。我俩起身互相握手致意。没想到牌神让我如此轻松地再度淘汰一名强劲的对手。这下,我距离梦想的扑克奥运会冠军真的只有一步之遥了!

[①] 言下之意,同样是碰到顶端范围冤家牌,如果是一对 K 的话,他的 A♥J♠ 还有出路(约 30% 胜率),而面对一对 A 则希望渺茫(胜率约 7%,是翻牌前全下场景中最小的概率)。

季军　奖金：$407 040

康奈尔（Tyler Cornell）

🏆 巅峰对决

"我努力过无数次,但我知道机会只会出现在其中的一两次!"

这句电影台词金句,恰如其分地描绘了我坐在 WSOP "最难打"一战的最终单挑舞台上的心境。脑海中浮现出多年前初入 EPT 的迷茫、"凌晨 4 点"的磨炼、年初巴哈马之旅"零钱圈"的尴尬,以及 WSOP 前半程反复出局的折磨。竞技扑克比赛就是这样残酷,往往需要经历上百场的失败,才可能换来加冕的机会。

而我也很清楚,最后的决战一定不会轻松。面对塞奇这位三条金手链加身、技术上几乎无可挑剔的劲敌,尽管我的记分牌接近他的两倍,但在尘埃落定之前,我绝不能有丝毫松懈。保持平常心、冷静、耐心,专注于牌局本身,摒弃一切杂念,才是助我一步步走向梦想的基石。

排名	选手	国家	记分牌	大盲倍数
1	Weiran Pu(蒲蔚然)	中国	38 175 000	95
2	Norbert Szecsi(诺伯特·塞奇)	匈牙利	21 750 000	54

扑克比赛进入单挑阶段，由于双方都已保证获得不少于第二名的奖金，剩下的只是争夺冠军荣誉以及冠亚军的差额奖金，所以此时已不存在 ICM 压力让某一方束手束脚。决策回归到记分牌 EV 会使对抗更加激烈。

然而高水平的单挑决战中，又由于彼此势均力敌，很难出现一口吃掉对方的情况，因此大家的动作往往又很谨慎。加上双方翻牌前游戏的手牌范围很宽，小盲位（同时也是庄位）选手几乎要玩 100% 的范围，翻牌前平跟的情形很常见，底池通常不容易造大。这和多人桌要么弃牌、要么加注的节奏有所不同。单挑中一两个 BB 来回拉锯是常态，需要选手更加耐心和细致。

经过前两手牌的短兵相接，我和塞奇迎来了第一把关键手牌。

第 40 手牌

盲注级别：200k/400k，记分牌：37.7M

手牌：K♠ 6♦

翻牌前：我在庄位选择用这样一手不太好的 KX 杂色加注 1M 入池，标准的 2.5BB。单挑的翻牌前策略相对复杂，充满了混合策略①。我这手牌理论上还是得高频

---

① 指选手的某一手牌有时平跟，有时加注，动作频率还不同，从而让对手难以通过该选手的行动推测出其具体的手牌。

加注，而对手也选择跟注。

翻牌：K♣ 9♠ 8♥

底池：2.4M

单挑击中顶对已经是非常大的牌，尽管踢脚不大。在对手常规过牌后，我还是选择持续下注 1M。然而对手在仔细思考后决定加注到 3.2M——一个标准的 50% 底池加注。单挑的范围很宽，对手此时可能有顶对以上的牌力，也可能用各种听牌来反偷我不一定强的持续下注。因此我的顶对不可能弃掉。

转牌：4♦

底池：8.8M

我翻牌的跟注使得底池急剧膨胀。塞奇再度思考后，继续下注 4.5M——半个底池。这个下注让我开始感到压力，我的顶对很可能已经不领先对手的价值范围，而沦为抓鸡牌。当然对手也是有能力用诸如 J10/107/67 等两头听顺来继续诈唬的。从均衡策略来看，我的顶对仍然属于自己范围中的顶端，因此必须继续跟注抵抗。

河牌：K♥

底池：17.8M

正当我纠结于如果对手河牌再打下去还跟不跟的时候，击中三条 K 一下子让我的决策变得容易了。叠牌 K

的出现让对手领先我的 KX 组合少了很多，而如果是 89 两对，此时也被我反超。如果对手全下，尽管我还是要输给小概率更大的 KX，或更小概率的 88/99（翻牌前未 3bet）葫芦，但肯定也得 100% 跟注。

而塞奇思考很久后决定过牌。如果他足够平衡，理论上会用一些 K9/K8 葫芦来过牌埋伏，但更大的可能是他诈唬放弃，或者是 89 两对被阉，想过牌摊牌。面对他整个过牌范围，我赢的比例远超那几手冤家牌组合，因此我只需要考虑如何下注让价值最大化。

试想，如果他是诈唬放弃，此时无论我下注多少他都不会跟注；而如果是 89 两对被阉，我全下他后手码量 13M 多，也只是 70% 底池，这个比例会让他陷入两难。从他的视角来看，我的行动线路中会有不少 KX 组合在河牌反超他，但 J10/107/67 等破产听牌的绝命诈唬我也绝对做得出来。而他的 89 阻挡了我顶端范围中的 K9/K8/99/88，没有阻挡我任何诈唬范围，何况我的码量两倍于他，失败的代价可承受，更加大了我的诈唬倾向。

于是我推出全下。塞奇的表情一下子痛苦起来，陷入了长久思考。很显然他只可能是 89（事后直播回放，显示确实如此）。我一动不动地坐着，克制着内心的激动，默默祈祷他能喊出那一声"跟注"。时间是如此的漫长，我看着他把记分牌点了又点，时而垂头，时而四处张望，迟迟做不了决定。后来这位匈牙利绅士竟然不由自主地敲击起记分牌，内心的煎熬可见一斑。

见他如此为难，我突然心生一计——倒计时。我希望用外界的压力逼迫他仓促中作出错误的决定。然而事后证明这很可能是败笔，因为当裁判刚刚被我叫上舞台，还没等倒计时开始，塞奇就弃牌了。他把我叫倒计时的行为视作有强牌的马脚了吗？回头一想很有可能，因为通常有强牌的时候才更有自信去施一些"盘外招"，诈唬时反而会尽可能表演出"友好"的态度。事实上，这是我比赛生涯中第一次给对手叫倒计时，还是缺乏经验。灵光一现之下就做了这个动作，是否也反映出自己太希望马上解决战斗，有些急于求成？

而反观对手，在码量落后的局面下，好不容易拿到两对连续进攻，到河牌形势逆转又能及时刹车，冷静地作出非常漂亮的弃牌，不愧为获得过三条金手链的王者。他一定做好了从更低的起点从头再来、一点一滴往回扳的持久战准备。

这手牌以后，我的记分牌已经达到46M多，3.5倍于他。而后面的比赛却不知不觉在向着他演进。

排名	选手	国家	记分牌	大盲倍数
1	Weiran Pu（蒲蔚然）	中国	46 775 000	117
2	Norbert Szecsi（诺伯特·塞奇）	匈牙利	13 150 000	33

第41手牌

盲注级别：200k/400k，记分牌：46M

手牌：8♥ 7♣

翻牌前：塞奇拥有 30BB 出头，在庄位平跟，我在大盲位拿到杂色的中等结构牌，没有加注的理由，过牌看翻牌。

翻牌：7♥ 4♦ 3♣

底池：1.2M

我击中顶对。由于此时双方范围都比较宽，我选择主动下注 400k——1BB，造大底池。对手想了想便跟注。

转牌：A♦

底池：2M

这时我并不太担心对手有 A，毕竟翻牌前他只是平跟。我继续下注 1M——半个底池，希望继续拿他更小对子或者听牌的价值。塞奇继续跟注。

河牌：3♦

底池：4M

牌面出了底对叠牌，而且有了后门花。此时我继续下注的价值对象就不多了，于是过牌。而对手思考一番后，选择下注 2.5M——超过半池的注码。这时对手价值范围应该是一对 A 以上，可能有三条 3 或者后门花，但同时他也可能是一些 5X/6X 的听卡顺组合不中转诈唬。从均衡策略来看，翻牌的顶对在我河牌范围中排序算不错的，还是应该抵抗。于是我跟注，对手亮出了：

翻牌的卡顺听牌，转牌加强到后门花听，河牌花到，对手的行牌线路没有问题。而我相信，如果河牌没有出对手的后门花，他一样有很大概率会像我预计的那样把这手破产听牌转诈唬，只是这次运气站在了他那边。

第 42 手牌

盲注级别：200k/400k，记分牌：43M

手牌：

翻牌前：塞奇又在庄位平跟，我在大盲位拿到一手中等 KX 杂色，选择过牌。

翻牌：

底池：1.2M

我过牌后，塞奇下注 400k——1BB。我的 K 高牌依然很可能领先，选择跟注。

转牌：

底池：2M

我继续过牌，而塞奇也没有再打。

河牌：[10♦]

底池：2M

塞奇停枪后，我感到 K 高牌还是有一定摊牌价值的，于是过牌。塞奇随即也过牌，亮出：

[8♠][3♥]

塞奇转牌击中底对获胜。这个摊牌充分说明他深谙单挑，翻牌前这种很烂的牌型也没有弃牌。这是一般在较低水平的比赛中难得见到的。

在经历了几次相互抢盲之后，我们又迎来一手打到河牌的对局。

第 43 手牌

盲注级别：200k/400k，记分牌：40M

手牌：[Q♦][8♣]

翻牌前：塞奇在庄位还是选择平跟，而我在大盲位继续过牌这种中等牌型。

翻牌：[K♠][J♠][6♠]

底池：1.2M

三张黑桃同花牌面，而我没有黑桃，选择过牌。塞奇下注400k——1BB。这时我仍然需要用这手Q高牌跟注抵抗，以防止他任意牌下注偷池。

转牌：5♥

底池：2M

我继续过牌，而塞奇也像上次一样停枪。

河牌：J♣

底池：2M

这张J♣对我的范围有利，因为我的翻牌跟注范围中JX的比例要比塞奇高。而我这手Q高牌几乎是我翻牌跟注范围的底端，从均衡策略角度来看这是诈唬的优选牌型，目标是打掉他一些比我大的AX或中小对子。

下注选择多大尺度呢？在塞奇看来，如果此时我下注，仍然有很多单张黑桃买花不中，或者Q10/109等买顺不中的诈唬组合，与我可能有的一对K、三条J或者同花以上的价值组合相比并不少。因此我必须选择一个极化的大注，才能给予他最大的压力。

考虑到底池较小，而且后手码量较深，我最后选择了1.5倍的超池下注——3M。塞奇再次陷入纠结中，不过最后他还是选择抓鸡。当我秀出我的牌后，他秀出了：

Q♥ 6♥

一个没有黑桃保护的翻牌底对组合！这个跟注让我再次充分感受到对手策略的滴水不漏，特别是在防守方面，严格参照了均衡策略的抵抗频率，按自己范围的排序挑选了足够多的组合。

这一手底对抓鸡极大地鼓舞了塞奇以及他身后观众席上的支持者，他们中不乏我认识的欧洲顶尖牌手，都在大声呐喊为他打气。而我的后援团也不示弱，来自国内的以及当地的华人朋友们早已聚齐，开始呼喊我的名字为我加油。这让我真的有一种奥运赛场为国争光的激动。只是作为扑克这类脑力竞技比赛的运动员，我只能把激情深藏心中，用冷静和理智作战。

塞奇的上升势头没有停止。很快他又在大盲位置对我的开池做了单挑阶段以来的第一次 3bet，而我的 Q♥9♦ 无力抵抗。事后直播回放，显示他有一手超强牌 Q♠Q♣。

这段时间的连续获胜，让塞奇的记分牌从最低点的 13M 几近翻倍到了 25M。此消彼长，我的记分牌优势已缩小到只领先他 10M 左右。但这一切都在我的预料中，就算码量被他逆转，我也会把每一手牌都当成第一手牌来对待，只看未来，不计过往。

排名	选手	国家	记分牌	大盲倍数
1	Weiran Pu（蒲蔚然）	中国	34 975 000	87
2	Norbert Szecsi（诺伯特·塞奇）	匈牙利	24 950 000	62

第 44 手牌

盲注级别：200k/400k，记分牌：35M

手牌：10♣ 9♥

翻牌前：庄位的塞奇加注 900k，我在大盲位拿到可以抵抗的结构牌，选择跟注。

翻牌：J♥ 9♦ 7♠

底池：2.2M

我在一个天顺面上击中中对带卡顺听牌，可以很舒服地过牌跟注。不过塞奇在这个潮湿面并没有选择持续下注。

转牌：J♣

底池：2.2M

翻牌塞奇过牌的范围中 JX 的比例很小，我敏锐察觉到自己击中一对 9 很可能领先。而如果对手没什么好牌，在翻牌没有诈唬的情况下，在转牌也很难寄希望于他再跳出来偷池。因此我思考后决定主动下注 800k，瞄准对手想摊牌的那部分范围拿价值。塞奇很快便跟注。

河牌：6♦

底池：3.8M

公对牌面这张 6 几乎是一张白板。我准备继续下注拿价值。在这个牌面上我的 8X/10X 听卡顺破产诈唬还是挺多的，因此下注尺度也可以选择稍大些。最后我选择了 2.5M——一个 2/3 底池的下注。塞奇并没有想太久便选择跟注。我亮牌后，他把牌扔进弃牌堆。事后直播回放，看到他的牌是：

[K♠ 7♦]

这个抓鸡对他来说远比前一手容易，只是这次等待他的是钢板。

这手牌以后再次涨盲，来到全场第 34 个级别。我趁热打铁，适当提高了加注频率，连续用 10♦2♠ 和 Q♦6♥ 加注拿下两个底池。不过很快又遇到一手在河牌的缠斗。

第 45 手牌

盲注级别：250k/500k，记分牌：41M

手牌：[4♠ 3♠]

翻牌前：我在庄位拿到小的同色连张，选择平跟，大盲位的塞奇也过牌。

翻牌：[K♠ 9♣ 2♦]

底池：1.5M

我的 4 高牌毫无摊牌价值，但有微弱的后门花顺。塞奇过牌后，我选择下注 1M，希望直接拿下底池，或者在后两条街牌力有增强的情况下持续给他施压。他思考一阵后选择跟注。

转牌：8♦

底池：3.5M

没有出我的后门花顺听牌，我的手牌权益不足以支撑我继续下注。塞奇过牌后，我也选择过牌。

河牌：6♥

底池：3.5M

塞奇继续过牌。此时我又面临范围里最差一手牌作为诈唬优选的情况。塞奇翻牌跟注范围除对子外，还可能有 A 高牌或 QJ/J10 之类顺子听牌，而转牌、河牌都没有给到他帮助。我此时如果下注，价值范围里还是有一些 KX 小踢脚或者 9X 次对子，诈唬范围站在对手视角反而并不能特别直观地找到。

综合考虑后，我选择下注 2M——比半池稍多的注码。塞奇再度陷入长久思考，他也许在仔细寻找我的诈唬范围。前两次面对同样的情况，他最后抓鸡的结果是一胜一负。这次的情景有些类似，不太能直观地把握我的行牌倾向，很可能仍然只有通过均衡策略的抵抗频率来作出决策。最后他还是选择抓鸡，而这次他仍然只有底对：

Q♠ 2♠

这手牌其实我的行牌线路整体来看稍有些牵强。翻牌大注后转牌的停枪显得有些脱节，河牌我的 4♠3♠ 是范围底端，必须要挑来诈唬，有点不得已而为之。

接下来又轮到塞奇连续收池了，包括一手在大盲位对我开池的再次 3bet（事后直播回放，他的牌是 A♠Q♠）。而他在庄位也开始频繁加注，并在一些与我完全无关的面上通过持续下注获胜。不知不觉他的记分牌再度回升到 25M——50BB。而我们经过前期的交手，对彼此的牌路也都更加熟悉，都准备着进行更加激烈的战斗。

然而，当命运的齿轮开始转动时，曾经所有的努力都在那一刻化作一个几乎闭着眼睛都会作出的简单决策，而我成为那个最后的幸运儿。

第 46 手牌

盲注级别：250k/500k，记分牌：35M

手牌：A♦ K♦

翻牌前：塞奇在庄位加注 1.1M，我在大盲位拿到一手单挑中的绝对顶端范围——AK 同花。在此前的单挑战斗中我还没有找到任何一个翻牌前 3bet 的机会，而现在它来了。我思考片刻后选择 3bet 到 4.5M——一个标准的 4 倍尺度。我希望塞奇把我第一次的 3bet 解读为偏诈唬倾向，就像之前还剩四人时我对他的解读那样。

塞奇开始一遍又一遍地清点记分牌。正当我以为他在仔细计算一个精确的 4bet 尺度时，没想到他竟直接喊出了"全下"。我立刻向发牌员确认对手的动作，得知全下无误后，赶紧扔出一枚记分牌跟注，并且主动亮出了我的手牌。而塞奇的亮牌让我感到胜利就在眼前：

A♣ Q♥

胜率 73% 对 22%（5% 平局），完全压制，一个翻牌前对我的 A♦K♦ 最有利的局面。这个 50M 的底池（100BB）的巨大跑马让我和塞奇都站起来，走到亲友团身边，共同见证这个重要的翻牌时刻。此时我耳边"顶住"的喊声已经快把整个赛场都震塌了，而我却继续冷静地注视着这一切。比赛还未结束，我仍然不想让任何对结果的执念进入脑中。我只想平静地接受任何结果，即便被爆冷击败，我也要做好从剩下不到 10M 的记分牌重新打起的准备。

翻牌：K♥ J♦ 7♠

我击中一对 K，但塞奇此时听卡顺 10，出路反而增加到 4 张。

转牌：Q♠

塞奇击中一对 Q，但四张 10 的卡顺听牌此时变成平分出路，能帮助他真正反败为胜的只有最后两张 Q，胜率只有 5%。

河牌：8♦

赢了！真的拿下了！这会是一场梦吗？

此刻的我，仿佛还沉浸于牌局的激荡之中，对这突如其来的胜利有些恍惚。直到对手塞奇礼貌地走过来与我握手致意，周围爆发的山呼海啸般的欢呼声才开始穿透我的内心。曾经无数次幻想过成为世界冠军后的场景，然而当梦想照进现实，我竟没有体验到想象中的神奇与震撼。世界依旧如常，我也依然是那个执着于扑克竞技的自己。

这一刻来得如此突然，出现这样一手冤家牌，轻松得让人难以置信。正如我在赛后采访时所言，对手实力非凡，我已做好了一场马拉松式拉锯战的准备。然而，牌神如此安排，我也唯有欣然接受这份馈赠。

亚军　奖金：$579 892
塞奇（Norbert Szecsi）

当从主持人手中接过金手链并高高举起的那一刻，我才终于意识到，我真的成了 WSOP 这一扑克奥运会上"最难打"的 5000 美元买入六人桌赛的世界冠军！作为一名扑克运动员，我的梦想，此刻，实现了！

冠军　奖金：$938 244
2023 年 WSOP 5000 美元买入六人桌赛夺冠

荣耀时刻

就像每一位夺得金牌的奥运健儿都在等待升国旗仪式一样,我也热切期盼着中国国歌在马蹄铁酒店 WSOP 演播大厅为我奏响的那一刻。按照 WSOP 赛事规定,每项赛事的正式颁奖仪式并不会在完赛当天举行,属于我的荣耀时刻被安排在三天之后。

在接下来的几天里,成为世界冠军的喜悦才渐渐从我心底涌出。虽然夺冠当晚我并没有激动得睡不着觉,但从第二天开始,我的精神状态始终处于亢奋中,竟然有点放松不下来了。朋友们都笑称我患上了"金手链后遗症"。

带着这种持续的兴奋,我终于迎来了激动人心的颁奖仪式。这天恰好是 WSOP 主赛的第一天,赛场内人头攒动,汇聚了来自世界各地的选手。下午 2 点赛事暂停期间,肤色各异的牌手们不约而同地站立起来,静候颁奖仪式的开始。当天共有三位金手链赛事的冠军将上台领奖,而我位列最后一位。此前,中国军团已见证了四位同胞冠军的诞生,大家笑言国歌大合唱早已驾轻就熟了。

当主持人请我上台,我举起象征扑克奥运会冠军的金手链，熟悉的旋律响起时，台下数十名中国健儿齐声高唱国歌，《义勇军进行曲》再次在拉斯维加斯上空回荡！身材魁梧的当地华人小哥 Tim 在我身后高举一面巨大的五星红旗。如此震撼人心的场景，令前一位上台领奖的加拿大选手羡慕不已，连连向我们竖起大拇指。的确，扑克比赛虽然是个人项目，却将有着共同爱好与追求的同胞们紧密地凝聚在一起。

中国国歌响彻拉斯维加斯

那一刻，我第一次对"为国争光"这四个字有了深刻的理解。

那一刻，我为自己是一名扑克运动员而深感自豪！

后记

世界冠军的荣光已成为过去，我的扑克运动员之旅仍在继续。

回首 2023 年初我踏上扑克大冒险之旅的第一站——巴哈马，在 PCA 主赛上，同桌的"扑克名人堂"中的传奇人物埃里克·赛德尔（Erik Seidel）问我是不是职业牌手，我回答说，我打扑克不是为了钱，我只是单纯热爱这项运动。"Me too（我也是）."这位扑克传奇人物由衷地表示赞同。

2023 年底最后一站，同样是在巴哈马，WSOP 天堂岛站的豪客赛上，我第一次见到了近年来在牌坛叱咤风云的法国富商托雷尔（Jean Noel Thorel）。年近八旬的他，需要借助特殊的照明装置才能看清牌，对记分牌的颜色也时常分辨不清，但他对比赛全情投入的模样令人动容。很显然，他打扑克肯定也不是为了钱。

在这两年的全球顶级赛事征战中，我所认识的一众世界顶尖扑克选手，无一不是认真地对待每一场比赛，专注于每一手牌。训练、比赛、复盘，他们日复一日地投身于这项脑力竞技运动。他们乐于与强者竞争，在金字塔尖争夺一项又一项荣誉。从他们身上，我看到了超越扑克比赛本身的奥林匹克体育精神。

对广大牌友而言，德州扑克是个什么样的游戏，每个人心中自有答案。

可以是娱乐消遣，成为朋友间茶余饭后的休闲工具。

可以是游戏竞技，成为爱好者斗智斗勇的乐园。

可以是社交名片，成为广结人缘、以"德"服人的舞台。

当然，如果你足够热爱，还可以将其视为一项体育运动，成为实现自我价值与梦想的毕生追求。

尽管在我国，对德州扑克的发展仍存在一些争议，部分人利用它从事非法活动，造成不良社会影响，导致许多人将其视为赌博游戏。然而，我认为，这个游戏本身所蕴含的优秀特质不应被埋没。正确地认识并对待这个游戏，它带给玩家的精神体验远胜将其当作赌博工具所带来的金钱收益。

我之所以要拍摄并发布我的扑克大冒险之旅视频（欢迎在抖音、B站搜索"蒲克王的奇妙冒险"，观看现场实况），正是希望通过新媒体的形式，记录并展示我作为一名扑克运动员的真实生活与比赛，传播扑克文化，传递对这个游戏的正确认知。我期待通过自己的亲身经历感染并影响更多人，让他们了解扑克作为一项脑力竞技运动的内涵，进而逐步改变大众对这个游戏的偏见。我坚信，未来德州扑克在中国一定能找到一条合适的发展路径，让更多普通人认识并喜爱这个游戏。

假以时日，WSOP 这一扑克奥运会赛场上一定会诞生更多来自中国的世界冠军，在这项起源于西方的游戏中展现来自东方的智慧与力量！